落其实者思其树，饮其流者怀其源。
谨以此书感谢香港意得集团有限公司对满文古籍文献事业发展的
重视以及对满文档案整理研究工作的大力支持。

"十四五"国家重点出版物出版规划项目

黑龙江省档案馆　黑龙江大学满学研究院 ◎ 编

第十册

清代黑龙江户口档案选编

鄂伦春索伦达呼尔贡貂牲丁册

光绪朝

黑龙江大学出版社

图书在版编目（CIP）数据

清代黑龙江户口档案选编．鄂伦春索伦达呼尔贡貂牲
丁册．光绪朝 / 黑龙江省档案馆，黑龙江大学满学研究
院编．-- 哈尔滨：黑龙江大学出版社，2023.12
ISBN 978-7-5686-1075-9

Ⅰ．①清… Ⅱ．①黑… ②黑… Ⅲ．①户籍－历史档
案－档案整理－黑龙江省－清代 Ⅳ．①K293.5

中国国家版本馆 CIP 数据核字（2023）第 254625 号

清代黑龙江户口档案选编·鄂伦春索伦达呼尔贡貂牲丁册（光绪朝）
QINGDAI HEILONGJIANG HUKOU DANG'AN XUANBIAN·ELUNCHUN SUOLUN DAHU'ER GONGDIAO SHENGDINGCE (GUANGXU CHAO)
黑龙江省档案馆　黑龙江大学满学研究院　编

策　　划　戚增媚　陈连生
责任编辑　魏　玲
出版发行　黑龙江大学出版社
地　　址　哈尔滨市南岗区学府三道街 36 号
印　　刷　哈尔滨市石桥印务有限公司
开　　本　880 毫米 ×1230 毫米　1/16
印　　张　200
字　　数　2562 千
版　　次　2023 年 12 月第 1 版
印　　次　2023 年 12 月第 1 次印刷
书　　号　ISBN 978-7-5686-1075-9
定　　价　1280.00 元（全十册）

本书如有印装错误请与本社联系更换，联系电话：0451-86608666。

目录

管理布特哈索伦达呼尔等处地方副都统衔总管诺穆德勒赫尔等为呈报摩凌阿鄂 1
伦春贡貂牲丁旗佐职名册致黑龙江将军（光绪三年六月二十四日）

    正红旗阿穆丕木巴牛录贡貂牲丁职名册 1

    正红旗托精阿牛录贡貂牲丁职名册 4

    正红旗德迷善牛录贡貂牲丁职名册 6

    镶白旗和寿牛录贡貂牲丁职名册 7

    镶红旗正常牛录贡貂牲丁职名册 9

    正蓝旗巴尼遴扎布牛录贡貂牲丁职名册 11

管理布特哈索伦达呼尔等处地方副都统衔总管诺穆德勒赫尔等为呈报布特哈不 17
食饷雅发罕鄂伦春贡貂牲丁旗佐职名册致黑龙江将军（光绪三年六月二十四日）

    镶黄旗鄂伦春德济木保牛录贡貂牲丁职名册 17

    镶黄旗鄂伦春爱图山牛录贡貂牲丁职名册 34

    镶黄旗鄂伦春吉隆阿牛录贡貂牲丁职名册 47

    正白旗毕拉尔额勒图牛录贡貂牲丁职名册 52

    正白旗毕拉尔德木清额牛录贡貂牲丁职名册 56

    正红旗鄂伦春托精阿牛录贡貂牲丁职名册 66

    镶白旗鄂伦春和寿牛录贡貂牲丁职名册 68

    正蓝旗鄂伦春巴尼遴扎布牛录贡貂牲丁职名册 77

【贡貂牲丁职名册】（光绪五年六月二十一日） 83

    【镶黄旗鄂伦春】爱图山牛录贡貂牲丁职名册 97

    【镶黄旗鄂伦春】吉隆阿牛录贡貂牲丁职名册 109

    正白旗毕拉尔额勒图牛录贡貂牲丁职名册 113

    正白旗毕拉尔德木清额牛录贡貂牲丁职名册 117

    正红旗鄂伦春托精阿牛录贡貂牲丁职名册 126

    镶白旗鄂伦春和寿牛录贡貂牲丁职名册 128

    正蓝旗鄂伦春巴尼遴扎布牛录贡貂牲丁职名册 136

【贡貂牲丁职名册】（光绪六年六月二十九日）   143

  【镶黄旗鄂伦春】爱图山牛录贡貂牲丁职名册   153

  【镶黄旗鄂伦春】吉隆阿牛录贡貂牲丁职名册   165

  正白旗毕拉尔布喇特琛牛录贡貂牲丁职名册   170

  正白旗毕拉尔德木清额牛录贡貂牲丁职名册   175

  正红旗鄂伦春托精阿牛录贡貂牲丁职名册   184

  镶白旗鄂伦春和寿牛录贡貂牲丁职名册   187

  正蓝旗鄂伦春巴尼遴扎布牛录贡貂牲丁职名册   196

管理布特哈索伦达呼尔等处地方副都统衔总管诺穆德勒赫尔等为呈报食饷摩凌阿鄂伦春贡貂牲丁旗佐职名册致黑龙江将军（光绪十一年六月十九日）   203

  正红旗都隆阿牛录贡貂牲丁职名册   203

  正红旗托精阿牛录贡貂牲丁职名册   206

  正红旗德迷善牛录贡貂牲丁职名册   208

  镶白旗和寿牛录贡貂牲丁职名册   209

  镶红旗正常牛录贡貂牲丁职名册   211

  正蓝旗巴尼遴扎布牛录贡貂牲丁职名册   213

管理布特哈索伦达呼尔等处地方副都统衔总管诺穆德勒赫尔等为呈报索伦达呼尔贡貂牲丁旗佐职名册致黑龙江将军（光绪十一年六月十九日）   219

  镶黄旗贲吉善牛录贡貂牲丁职名册   219

  镶黄旗保元牛录贡貂牲丁职名册   223

  镶黄旗音登托克托牛录贡貂牲丁职名册   229

  镶黄旗德勒顺牛录贡貂牲丁职名册   233

  镶黄旗布空阿牛录贡貂牲丁职名册   237

  镶黄旗成明牛录贡貂牲丁职名册   242

  镶黄旗拉新吐牛录贡貂牲丁职名册   246

  镶黄旗莫墨和济牛录贡貂牲丁职名册   247

  镶黄旗奇普松武牛录贡貂牲丁职名册   251

  镶黄旗常云牛录贡貂牲丁职名册   255

  镶黄旗讷恩登额牛录贡貂牲丁职名册   259

  镶黄旗巴凌阿牛录贡貂牲丁职名册   260

  正黄旗萨彬吐牛录贡貂牲丁职名册   262

  正黄旗奇石巴牛录贡貂牲丁职名册   269

  正黄旗兴福牛录贡貂牲丁职名册   277

  正黄旗瑞庆牛录贡貂牲丁职名册   282

  正黄旗同克牛录贡貂牲丁职名册   292

  正黄旗乌克都喜牛录贡貂牲丁职名册   296

正黄旗黑狗牛录贡貂牲丁职名册 301

正黄旗乌勒兴阿牛录贡貂牲丁职名册 306

正黄旗常云阿牛录贡貂牲丁职名册 309

正黄旗三布牛录贡貂牲丁职名册 313

正黄旗托普升额牛录贡貂牲丁职名册 317

正黄旗倭克精阿牛录贡貂牲丁职名册 323

正黄旗西朗阿牛录贡貂牲丁职名册 325

正黄旗业普春牛录贡貂牲丁职名册 329

正黄旗兴亮牛录贡貂牲丁职名册 335

正黄旗海忠牛录贡貂牲丁职名册 342

正黄旗英新保牛录贡貂牲丁职名册 347

正黄旗奇狗牛录贡貂牲丁职名册 351

正黄旗里兴额牛录贡貂牲丁职名册 354

正白旗明凌牛录贡貂牲丁职名册 360

正白旗萨勒扎玛牛录贡貂牲丁职名册 364

正白旗吉林牛录贡貂牲丁职名册 371

正白旗赛清阿牛录贡貂牲丁职名册 376

正白旗克西克吐牛录贡貂牲丁职名册 382

正白旗奇普兴武牛录贡貂牲丁职名册 385

正白旗德依丰阿牛录贡貂牲丁职名册 389

正白旗富常牛录贡貂牲丁职名册 391

正白旗洪泰牛录贡貂牲丁职名册 394

正白旗松寿牛录贡貂牲丁职名册 395

正白旗清明阿牛录贡貂牲丁职名册 399

正白旗精保牛录贡貂牲丁职名册 402

正白旗崇凌牛录贡貂牲丁职名册 407

正白旗双林牛录贡貂牲丁职名册 410

正白旗精通阿牛录贡貂牲丁职名册 416

正白旗英常牛录贡貂牲丁职名册 419

正白旗常福牛录贡貂牲丁职名册 426

正红旗兴福牛录贡貂牲丁职名册 429

正红旗文普牛录贡貂牲丁职名册 431

正红旗凌福牛录贡貂牲丁职名册 432

正红旗明福牛录贡貂牲丁职名册 434

正红旗穆苏孟库牛录贡貂牲丁职名册 436

正红旗岱通阿牛录贡貂牲丁职名册 440

正红旗英隆阿牛录贡貂牲丁职名册 441

正红旗托萨吐牛录贡貂牲丁职名册 443

正红旗精德牛录贡貂牲丁职名册 445

正红旗察隆阿牛录贡貂牲丁职名册 448

正红旗穆通额牛录贡貂牲丁职名册 451

正红旗忠保牛录贡貂牲丁职名册 457

正红旗双凌牛录贡貂牲丁职名册 460

正红旗买通阿牛录贡貂牲丁职名册 463

正红旗贲精额牛录贡貂牲丁职名册 464

正红旗恩特兴阿牛录贡貂牲丁职名册 467

正红旗舒明阿牛录贡貂牲丁职名册 469

镶白旗和山牛录贡貂牲丁职名册 472

镶白旗兴常牛录贡貂牲丁职名册 477

镶白旗定禄牛录贡貂牲丁职名册 479

镶白旗爱新多尔济牛录贡貂牲丁职名册 481

镶白旗凌丰阿牛录贡貂牲丁职名册 484

镶白旗明德牛录贡貂牲丁职名册 485

镶红旗诺钦吉尔嘎儿牛录贡貂牲丁职名册 489

镶红旗德全牛录贡貂牲丁职名册 490

镶红旗扎斯洪阿牛录贡貂牲丁职名册 491

镶红旗蒙库巴雅尔牛录贡貂牲丁职名册 492

镶红旗莫诺惠牛录贡貂牲丁职名册 493

镶红旗狼狗牛录贡貂牲丁职名册 494

镶红旗多们扎普牛录贡貂牲丁职名册 495

正蓝旗卧尔托吉尔嘎儿牛录贡貂牲丁职名册 497

正蓝旗明兴阿牛录贡貂牲丁职名册 499

正蓝旗吉隆阿牛录贡貂牲丁职名册 501

镶蓝旗富全牛录贡貂牲丁职名册 503

镶蓝旗舒敏牛录贡貂牲丁职名册 505

镶蓝旗西拉布牛录贡貂牲丁职名册 507

镶蓝旗富明牛录贡貂牲丁职名册 509

镶蓝旗那新吉尔噶儿牛录贡貂牲丁职名册 511

正红旗都隆阿牛录贡貂牲丁职名册（汉文） 515

正红旗托精阿牛录贡貂牲丁职名册（汉文） 518

正红旗德迷善牛录贡貂牲丁职名册（汉文）　　520

镶白旗和寿牛录贡貂牲丁职名册（汉文）　　521

镶红旗正常牛录贡貂牲丁职名册（汉文）　　523

正蓝旗巴尼音扎普牛录贡貂牲丁职名册（汉文）　　525

镶黄旗贲吉善牛录贡貂牲丁职名册（汉文）　　529

镶黄旗保元牛录贡貂牲丁职名册（汉文）　　533

镶黄旗音登托克托牛录贡貂牲丁职名册（汉文）　　539

镶黄旗德勒顺牛录贡貂牲丁职名册（汉文）　　543

镶黄旗布空阿牛录贡貂牲丁职名册（汉文）　　547

镶黄旗成明牛录贡貂牲丁职名册（汉文）　　552

镶黄旗拉新吐牛录贡貂牲丁职名册（汉文）　　556

镶黄旗莫墨和济牛录贡貂牲丁职名册（汉文）　　557

镶黄旗奇普松武牛录贡貂牲丁职名册（汉文）　　561

镶黄旗常云牛录贡貂牲丁职名册（汉文）　　565

镶黄旗讷恩登额牛录贡貂牲丁职名册（汉文）　　569

镶黄旗巴凌阿牛录贡貂牲丁职名册（汉文）　　570

正黄旗萨彬吐牛录贡貂牲丁职名册（汉文）　　572

正黄旗奇石巴牛录贡貂牲丁职名册（汉文）　　579

正黄旗兴福牛录贡貂牲丁职名册（汉文）　　587

正黄旗瑞庆牛录贡貂牲丁职名册（汉文）　　592

正黄旗同克牛录贡貂职名册（汉文）　　602

正黄旗乌克都喜牛录贡貂牲丁职名册（汉文）　　606

正黄旗黑狗牛录贡貂牲丁职名册（汉文）　　611

正黄旗乌勒兴阿牛录贡貂牲丁职名册（汉文）　　616

正黄旗常云阿牛录贡貂牲丁职名册（汉文）　　619

正黄旗三布牛录贡貂牲丁职名册（汉文）　　623

正黄旗托普升额牛录贡貂牲丁职名册（汉文）　　627

正黄旗倭克精阿牛录贡貂牲丁职名册（汉文）　　633

正黄旗西朗阿牛录贡貂牲丁职名册（汉文）　　635

正黄旗业普春牛录贡貂牲丁职名册（汉文）　　637

正黄旗兴亮牛录贡貂牲丁职名册（汉文）　　643

正黄旗海忠牛录贡貂牲丁职名册（汉文）　　648

正黄旗英新保牛录贡貂牲丁职名册（汉文）　　655

正黄旗奇狗牛录贡貂牲丁职名册（汉文）　　659

正黄旗里兴额牛录贡貂牲丁职名册（汉文）　　662

正白旗明凌牛录贡貂牲丁职名册（汉文）　　　　　　668

正白旗萨勒扎玛牛录贡貂牲丁职名册（汉文）　　　　672

正白旗吉林牛录贡貂牲丁职名册（汉文）　　　　　　679

正白旗赛清阿牛录贡貂牲丁职名册（汉文）　　　　　684

正白旗克西克吐牛录贡貂牲丁职名册（汉文）　　　　690

正白旗奇普兴武牛录贡貂牲丁职名册（汉文）　　　　693

正白旗德依丰阿牛录贡貂牲丁职名册（汉文）　　　　697

正白旗富常牛录贡貂牲丁职名册（汉文）　　　　　　699

正白旗洪泰牛录贡貂牲丁职名册（汉文）　　　　　　702

正白旗松寿牛录贡貂牲丁职名册（汉文）　　　　　　703

正白旗清明阿牛录贡貂牲丁职名册（汉文）　　　　　707

正白旗精保牛录贡貂牲丁职名册（汉文）　　　　　　710

正白旗崇凌牛录贡貂牲丁职名册（汉文）　　　　　　715

正白旗双林牛录贡貂牲丁职名册（汉文）　　　　　　718

正白旗精通阿牛录贡貂牲丁职名册（汉文）　　　　　724

正白旗英常牛录贡貂牲丁职名册（汉文）　　　　　　729

正白旗常福牛录贡貂牲丁职名册（汉文）　　　　　　736

正红旗兴福牛录贡貂牲丁职名册（汉文）　　　　　　739

正红旗文普牛录贡貂牲丁职名册（汉文）　　　　　　741

正红旗凌福牛录贡貂牲丁职名册（汉文）　　　　　　742

正红旗明福牛录贡貂牲丁职名册（汉文）　　　　　　744

正红旗穆苏孟库牛录贡貂牲丁职名册（汉文）　　　　746

正红旗岱通阿牛录贡貂牲丁职名册（汉文）　　　　　750

正红旗英隆阿牛录贡貂牲丁职名册（汉文）　　　　　751

正红旗托萨吐牛录贡貂牲丁职名册（汉文）　　　　　753

正红旗精德牛录贡貂牲丁职名册（汉文）　　　　　　755

正红旗察隆阿牛录贡貂牲丁职名册（汉文）　　　　　758

正红旗穆通额牛录贡貂牲丁职名册（汉文）　　　　　761

正红旗忠保牛录贡貂牲丁职名册（汉文）　　　　　　767

正红旗双凌牛录贡貂牲丁职名册（汉文）　　　　　　770

正红旗买通阿牛录贡貂牲丁职名册（汉文）　　　　　773

正红旗贲精阿（额）牛录贡貂牲丁职名册（汉文）　　774

正红旗恩特兴阿牛录贡貂牲丁职名册（汉文）　　　　777

正红旗舒明阿牛录贡貂牲丁职名册（汉文）　　　　　779

镶白旗和山牛录贡貂牲丁职名册（汉文）　　　　　　782

镶白旗兴常牛录贡貂牲丁职名册（汉文）   787

镶白旗定禄牛录贡貂牲丁职名册（汉文）   789

镶白旗爱新多尔济牛录贡貂牲丁职名册（汉文）   791

镶白旗凌丰阿牛录贡貂牲丁职名册（汉文）   794

镶白旗明德牛录贡貂牲丁职名册（汉文）   795

镶红旗诺钦吉尔嘎儿牛录贡貂牲丁职名册（汉文）   799

镶红旗德全牛录贡貂牲丁职名册（汉文）   800

镶红旗扎斯洪阿牛录贡貂牲丁职名册（汉文）   801

镶红旗蒙库巴雅尔牛录贡貂牲丁职名册（汉文）   802

镶红旗莫诺惠牛录贡貂牲丁职名册（汉文）   803

镶红旗狼狗牛录贡貂牲丁职名册（汉文）   804

镶红旗多们扎普牛录贡貂牲丁职名册（汉文）   805

正蓝旗卧尔托吉尔嘎儿牛录贡貂牲丁职名册（汉文）   807

正蓝旗明兴阿牛录贡貂牲丁职名册（汉文）   809

正蓝旗吉隆阿牛录贡貂牲丁职名册（汉文）   811

镶蓝旗富全牛录贡貂牲丁职名册（汉文）   813

镶蓝旗舒敏牛录贡貂牲丁职名册（汉文）   815

镶蓝旗西拉布牛录贡貂牲丁职名册（汉文）   817

镶蓝旗富明牛录贡貂牲丁职名册（汉文）   819

镶蓝旗那新吉尔噶儿牛录牲丁职名册（汉文）   821

【贡貂牲丁职名册】（光绪十一年七月十三日）   825

【镶黄旗】二牛录贡貂牲丁职名册   829

正黄旗头牛录、二牛录贡貂牲丁职名册   836

正白旗头牛录、二牛录贡貂牲丁职名册   852

正红旗头牛录、二牛录贡貂牲丁职名册   867

镶白旗头牛录、二牛录贡貂牲丁职名册   882

镶红旗头牛录、二牛录贡貂牲丁职名册   897

正蓝旗头牛录、二牛录贡貂牲丁职名册   912

镶蓝旗头牛录、二牛录贡貂牲丁职名册   927

【镶黄旗】二牛录贡貂牲丁职名册（汉文）   945

正黄旗头牛录、二牛录贡貂牲丁职名册（汉文）   948

正白旗头牛录、二牛录贡貂牲丁职名册（汉文）   963

正红旗头牛录、二牛录贡貂牲丁职名册（汉文）   978

镶白旗头牛录、二牛录贡貂牲丁职名册（汉文）   993

镶红旗头牛录、二牛录贡貂牲丁职名册（汉文）   1008

正蓝旗头牛录、二牛录贡貂牲丁职名册（汉文）	1023
镶蓝旗头牛录、二牛录贡貂牲丁职名册（汉文）	1037
兴安城署理鄂伦春总管协领凌善为呈报鄂伦春八旗官兵旗佐职名贡貂数致黑龙江将军（光绪十二年五月二十八日）	1053
镶黄旗头牛录、二牛录牲丁职名贡貂数目册	1053
正黄旗头牛录、二牛录牲丁职名贡貂数目册	1069
正白旗头牛录、二牛录牲丁职名贡貂数目册	1085
正红旗头牛录、二牛录牲丁职名贡貂数目册	1100
【镶白旗】头牛录、二牛录牲丁职名贡貂数目册	1115
镶红旗头牛录、二牛录牲丁职名贡貂数目册	1131
正蓝旗头牛录、二牛录牲丁职名贡貂数目册	1147
镶蓝旗头牛录、二牛录牲丁职名贡貂数目册	1162
镶黄旗头牛录、二牛录牲丁职名贡貂数目册（汉文）	1181
正黄旗头牛录、二牛录牲丁职名贡貂数目册（汉文）	1191
正白旗头牛录、二牛录牲丁职名贡貂数目册（汉文）	1206
正红旗头牛录、二牛录牲丁职名贡貂数目册（汉文）	1221
【镶白旗】头牛录、二牛录牲丁职名贡貂数目册（汉文）	1236
镶红旗头牛录、二牛录牲丁职名贡貂数目册（汉文）	1251
正蓝旗头牛录、二牛录牲丁职名贡貂数目册（汉文）	1267
镶蓝旗头牛录、二牛录牲丁职名贡貂数目册（汉文）	1282
【索伦达呼尔贡貂牲丁职名册】（光绪十二年七月初六日）	1299
【镶黄旗】贲吉善牛录贡貂牲丁职名册	1299
【镶黄旗】保元牛录贡貂牲丁职名册	1302
【镶黄旗】音登托克托牛录贡貂牲丁职名册	1309
【镶黄旗】德勒顺牛录贡貂牲丁职名册	1313
【镶黄旗】布空阿牛录贡貂牲丁职名册	1317
【镶黄旗】成明牛录贡貂牲丁职名册	1322
【镶黄旗】拉西勒图牛录贡貂牲丁职名册	1325
【镶黄旗】巴邋牛录贡貂牲丁职名册	1327
【镶黄旗】奇普松武牛录贡貂牲丁职名册	1331
【镶黄旗】常云牛录贡貂牲丁职名册	1335
【镶黄旗】讷恩登额牛录贡貂牲丁职名册	1339
【镶黄旗】巴凌阿牛录贡貂牲丁职名册	1341
正黄旗萨彬吐牛录贡貂牲丁职名册	1343
正黄旗奇石巴牛录贡貂牲丁职名册	1349

正黄旗兴福牛录贡貂牲丁职名册 1357

正黄旗同克牛录贡貂牲丁职名册 1363

正黄旗瑞庆牛录贡貂牲丁职名册 1373

正黄旗乌克都喜牛录贡貂牲丁职名册 1377

正黄旗黑狗牛录贡貂牲丁职名册 1382

正黄旗乌勒兴阿牛录贡貂牲丁职名册 1387

正黄旗常云阿牛录贡貂牲丁职名册 1391

正黄旗三布牛录贡貂牲丁职名册 1394

正黄旗托普升额牛录贡貂牲丁职名册 1399

正黄旗倭克精阿牛录贡貂牲丁职名册 1405

正黄旗德清阿牛录贡貂牲丁职名册 1407

正黄旗业普春牛录贡貂牲丁职名册 1409

正黄旗硕通阿牛录贡貂牲丁职名册 1415

正黄旗海忠牛录贡貂牲丁职名册 1422

正黄旗英新保牛录贡貂牲丁职名册 1427

正黄旗奇狗牛录贡貂牲丁职名册 1431

正黄旗里兴额牛录贡貂牲丁职名册 1434

正白旗明凌牛录贡貂牲丁职名册 1441

正白旗萨勒扎玛牛录贡貂牲丁职名册 1445

正白旗图明额牛录贡貂牲丁职名册 1451

正白旗赛清阿牛录贡貂牲丁职名册 1457

正白旗扎拉汾牛录贡貂牲丁职名册 1464

正白旗奇普兴武牛录贡貂牲丁职名册 1466

正白旗德依丰阿牛录贡貂牲丁职名册 1470

正白旗富常牛录贡貂牲丁职名册 1472

正白旗洪泰牛录贡貂牲丁职名册 1475

正白旗松寿牛录贡貂牲丁职名册 1477

正白旗清明阿牛录贡貂牲丁职名册 1480

正白旗精保牛录贡貂牲丁职名册 1483

正白旗崇凌牛录贡貂牲丁职名册 1489

正白旗双林牛录贡貂牲丁职名册 1491

正白旗精通阿牛录贡貂牲丁职名册 1497

正白旗英常牛录贡貂牲丁职名册 1503

正白旗常福牛录贡貂牲丁职名册 1510

正红旗兴福牛录贡貂牲丁职名册 1513

正红旗文普牛录贡貂牲丁职名册 1515

正红旗凌福牛录贡貂牲丁职名册 1516

正红旗明福牛录贡貂牲丁职名册 1518

正红旗穆苏孟库牛录贡貂牲丁职名册 1520

正红旗岱通阿牛录贡貂牲丁职名册 1524

正红旗英隆阿牛录贡貂牲丁职名册 1525

正红旗扎萨图牛录贡貂牲丁职名册 1527

正红旗兴庸牛录贡貂牲丁职名册 1529

正红旗察隆阿牛录贡貂牲丁职名册 1532

正红旗穆通额牛录贡貂牲丁职名册 1535

正红旗班扎尔达西牛录贡貂牲丁职名册 1541

正红旗双凌牛录贡貂牲丁职名册 1544

正红旗穆克德春牛录贡貂牲丁职名册 1546

正红旗贲精额牛录贡貂牲丁职名册 1547

正红旗恩特兴阿牛录贡貂牲丁职名册 1550

正红旗舒明阿牛录贡貂牲丁职名册 1553

镶白旗和山牛录贡貂牲丁职名册 1556

镶白旗兴常牛录贡貂牲丁职名册 1560

镶白旗定禄牛录贡貂牲丁职名册 1563

镶白旗爱新多尔济牛录贡貂牲丁职名册 1565

镶白旗凌丰阿牛录贡貂牲丁职名册 1567

镶白旗明德牛录贡貂牲丁职名册 1569

镶红旗诺钦吉尔嘎儿牛录贡貂牲丁职名册 1572

镶红旗德全牛录贡貂牲丁职名册 1574

镶红旗扎斯洪阿牛录贡貂牲丁职名册 1575

镶红旗蒙库巴雅尔牛录贡貂牲丁职名册 1576

镶红旗莫诺惠牛录贡貂牲丁职名册 1577

镶红旗狼狗牛录贡貂牲丁职名册 1578

镶红旗多们扎普牛录贡貂牲丁职名册 1579

正蓝旗卧尔托吉尔嘎儿牛录贡貂牲丁职名册 1581

正蓝旗明兴阿牛录贡貂牲丁职名册 1583

正蓝旗吉隆阿牛录贡貂牲丁职名册 1585

镶蓝旗福春牛录贡貂牲丁职名册 1587

镶蓝旗舒敏牛录贡貂牲丁职名册 1588

镶蓝旗西拉布牛录贡貂牲丁职名册 1590

X

镶蓝旗富明牛录贡貂牲丁职名册 1592

镶蓝旗那新吉尔噶儿牛录贡貂牲丁职名册 1595

管理布特哈索伦达呼尔等处地方副都统衔总管诺穆德勒赫尔等为呈报食饷摩凌 1599
阿鄂伦春贡貂牲丁旗佐职名册致黑龙江将军（光绪十二年七月初六日）

正红旗都隆阿牛录贡貂牲丁职名册 1599

正红旗托精阿牛录贡貂牲丁职名册 1601

正红旗德迷善牛录贡貂牲丁职名册 1603

镶白旗和寿牛录贡貂牲丁职名册 1605

镶红旗正常牛录贡貂牲丁职名册 1607

正蓝旗巴尼遴扎布牛录贡貂牲丁职名册 1609

兴安城副都统衔总管乌尔滚巴雅尔为呈报鄂伦春八旗官兵旗佐职名及贡貂数目 1615
册致黑龙江将军（光绪十三年）

镶黄旗头牛录、二牛录贡貂牲丁职名册 1615

正黄旗头牛录、二牛录贡貂牲丁职名册 1630

□□旗贡貂牲丁职名册 1651

正白旗头牛录、二牛录贡貂牲丁职名册 1655

正红旗头牛录、二牛录贡貂牲丁职名册 1670

【兴安城副都统衔总管乌尔滚巴雅尔为呈报鄂伦春八旗官兵旗佐职名及贡貂数 1685
目册致黑龙江将军（光绪十七年六月初一日）】

【镶黄旗头牛录、】二牛录牲丁职名贡貂数目册 1685

正黄旗头牛录、二牛录牲丁职名贡貂数目册 1698

正白旗头牛录、二牛录牲丁职名贡貂数目册 1713

正红旗头牛录、二牛录牲丁职名贡貂数目册 1728

镶白旗头牛录、二牛录牲丁职名贡貂数目册 1743

镶红旗头牛录、二牛录牲丁职名贡貂数目册 1757

正蓝旗头牛录、二牛录牲丁职名贡貂数目册 1773

镶蓝旗头牛录、二牛录牲丁职名贡貂数目册 1787

镶黄旗头牛录、二牛录牲丁职名贡貂数目册（汉文） 1806

正黄旗头牛录、二牛录牲丁职名贡貂数目册（汉文） 1820

正白旗头牛录、二牛录牲丁职名贡貂数目册（汉文） 1836

正红旗头牛录、二牛录牲丁职名贡貂数目册（汉文） 1850

镶白旗头牛录、二牛录牲丁职名贡貂数目册（汉文） 1864

镶红旗头牛录、二牛录牲丁职名贡貂数目册（汉文） 1879

正蓝旗头牛录、二牛录牲丁职名贡貂数目册（汉文） 1894

镶蓝旗头牛录、二牛录牲丁职名贡貂数目册（汉文） 1908

兴安城副都统衔总管乌尔滚巴雅尔为呈报鄂伦春八旗官兵旗佐职名及贡貂数目
册致黑龙江将军（光绪十八年六月初三日）   1927

    镶黄旗头牛录、二牛录牲丁职名贡貂数目册   1927

    正黄旗头牛录、二牛录牲丁职名贡貂数目册   1941

    正白旗头牛录、二牛录牲丁职名贡貂数目册   1953

    正红旗头牛录、二牛录牲丁职名贡貂数目册   1966

    镶白旗头牛录、二牛录牲丁职名贡貂数目册   1979

    镶红旗头牛录、二牛录牲丁职名贡貂数目册   1993

    正蓝旗头牛录、二牛录牲丁职名贡貂数目册   2008

    镶蓝旗头牛录、二牛录牲丁职名贡貂数目册   2020

    镶黄旗头牛录、二牛录牲丁职名贡貂数目册（汉文）   2038

    正黄旗头牛录、二牛录牲丁职名贡貂数目册（汉文）   2051

    正白旗头牛录、二牛录牲丁职名贡貂数目册（汉文）   2063

    正红旗头牛录、二牛录牲丁职名贡貂数目册（汉文）   2075

    镶白旗头牛录、二牛录牲丁职名贡貂数目册（汉文）   2088

    镶红旗头牛录、二牛录牲丁职名贡貂数目册（汉文）   2101

    正蓝旗头牛录、二牛录牲丁职名贡貂数目册（汉文）   2116

    镶蓝旗头牛录、二牛录牲丁职名贡貂数目册（汉文）   2128

管理布特哈索伦达呼尔等处地方副都统衔总管福尔苏穆布等为呈报食饷摩凌阿
鄂伦春贡貂牲丁旗佐职名册致黑龙江将军（光绪十八年六月二十五日）   2145

    正红旗都隆阿牛录贡貂牲丁职名册   2145

    正红旗乌尔滚济尔噶勒牛录贡貂牲丁职名册   2147

    正红旗德迷善牛录贡貂牲丁职名册   2149

    镶白旗和寿牛录贡貂牲丁职名册   2150

    镶红旗正常牛录贡貂牲丁职名册   2152

    正蓝旗巴尼遴扎布牛录贡貂牲丁职名册   2154

管理布特哈索伦达呼尔等处地方副都统衔总管福尔苏穆布等为呈报索伦达呼尔
贡貂牲丁旗佐职名册致黑龙江将军（光绪十八年六月二十五日）   2159

    镶黄旗福清阿牛录牲丁职名册   2159

    镶黄旗保元牛录牲丁职名册   2162

    镶黄旗音登托克托牛录牲丁职名册   2167

    镶黄旗德兴阿牛录牲丁职名册   2170

    镶黄旗布空阿牛录牲丁职名册   2173

    镶黄旗成明牛录牲丁职名册   2177

    镶黄旗英福牛录牲丁职名册   2179

    镶黄旗福聂松阿牛录牲丁职名册   2181

镶黄旗庄清牛录牲丁职名册　　　　　　　　　2185

镶黄旗常云牛录牲丁职名册　　　　　　　　　2187

镶黄旗讷恩登额牛录牲丁职名册　　　　　　　2191

镶黄旗伯庆牛录牲丁职名册　　　　　　　　　2192

正黄旗萨彬吐牛录牲丁职名册　　　　　　　　2194

正黄旗奇石巴牛录牲丁职名册　　　　　　　　2199

正黄旗里兴额牛录牲丁职名册　　　　　　　　2206

正黄旗同克牛录牲丁职名册　　　　　　　　　2211

正黄旗倭克精阿牛录牲丁职名册　　　　　　　2219

正黄旗正通牛录牲丁职名册　　　　　　　　　2223

正黄旗黑狗牛录牲丁职名册　　　　　　　　　2227

正黄旗德清阿牛录牲丁职名册　　　　　　　　2231

正黄旗沃赫勒图牛录牲丁职名册　　　　　　　2235

正黄旗三布牛录牲丁职名册　　　　　　　　　2238

正黄旗托普升额牛录牲丁职名册　　　　　　　2242

正黄旗库禄山牛录牲丁职名册　　　　　　　　2246

正黄旗霍洛山牛录牲丁职名册　　　　　　　　2249

正黄旗扎俸阿牛录牲丁职名册　　　　　　　　2251

正黄旗硕通阿牛录牲丁职名册　　　　　　　　2256

正黄旗赫色布牛录牲丁职名册　　　　　　　　2262

正黄旗温忠牛录牲丁职名册　　　　　　　　　2266

正黄旗囊海牛录牲丁职名册　　　　　　　　　2270

正黄旗布库波勒多牛录牲丁职名册　　　　　　2274

正白旗明凌牛录牲丁职名册　　　　　　　　　2279

正白旗萨勒扎玛牛录牲丁职名册　　　　　　　2283

正白旗凌托牛录牲丁职名册　　　　　　　　　2288

正白旗赛清阿牛录牲丁职名册　　　　　　　　2293

正白旗扎拉汾牛录牲丁职名册　　　　　　　　2298

正白旗成德牛录牲丁职名册　　　　　　　　　2300

正白旗德依丰阿牛录牲丁职名册　　　　　　　2303

正白旗富常牛录牲丁职名册　　　　　　　　　2305

正白旗洪泰牛录牲丁职名册　　　　　　　　　2307

正白旗松寿牛录牲丁职名册　　　　　　　　　2309

正白旗托布清德牛录牲丁职名册　　　　　　　2312

正白旗精保牛录牲丁职名册　　　　　　　　　2315

正白旗济勒特牛录牲丁职名册 2320

正白旗双林牛录牲丁职名册 2321

正白旗双德牛录牲丁职名册 2326

正白旗英常牛录牲丁职名册 2332

正白旗常福牛录牲丁职名册 2337

正红旗兴福牛录牲丁职名册 2340

正红旗勒海牛录牲丁职名册 2341

正红旗郭顺牛录牲丁职名册 2343

正红旗明福牛录牲丁职名册 2344

正红旗都明牛录牲丁职名册 2346

正红旗岱通阿牛录牲丁职名册 2348

正红旗英隆阿牛录牲丁职名册 2350

正红旗扎萨图牛录牲丁职名册 2351

正红旗兴庸牛录牲丁职名册 2353

正红旗察隆阿牛录牲丁职名册 2355

正红旗穆通额牛录牲丁职名册 2357

正红旗班扎尔达西牛录牲丁职名册 2363

正红旗星德牛录牲丁职名册 2366

正红旗德海牛录牲丁职名册 2367

正红旗贾精额牛录牲丁职名册 2369

正红旗铁郭牛录牲丁职名册 2372

正红旗星清阿牛录牲丁职名册 2374

镶白旗和山牛录牲丁职名册 2377

镶白旗兴常牛录牲丁职名册 2381

镶白旗定禄牛录牲丁职名册 2382

镶白旗爱新多尔济牛录牲丁职名册 2384

镶白旗昌清牛录牲丁职名册 2386

镶白旗明德牛录牲丁职名册 2387

镶红旗诺钦吉尔嘎儿牛录牲丁职名册 2391

镶红旗德全牛录牲丁职名册 2392

镶红旗扎斯洪阿牛录牲丁职名册 2393

镶红旗蒙库巴雅尔牛录牲丁职名册 2394

镶红旗莫诺惠牛录牲丁职名册 2395

镶红旗狼狗牛录牲丁职名册 2396

镶红旗多们扎普牛录牲丁职名册 2397

XIV

正蓝旗卧尔托吉尔嘎儿牛录牲丁职名册   2398

正蓝旗明兴阿牛录牲丁职名册   2400

正蓝旗吉隆阿牛录牲丁职名册   2402

镶蓝旗硕尔吉山牛录牲丁职名册   2403

镶蓝旗舒敏牛录牲丁职名册   2404

镶蓝旗西拉布牛录牲丁职名册   2406

镶蓝旗富明牛录牲丁职名册   2408

镶蓝旗那新吉尔噶儿牛录牲丁职名册   2410

布特哈总管为呈报进纳貂皮牲丁皮张数目及设兴安城撤出鄂伦春牲丁数目事致黑龙江将军（光绪二十年五月初二日）   2415

布特哈地方贡貂牲丁数目册（光绪二十年六月十四日）   2435

布特哈镶黄旗贡貂牲丁数目册   2435

布特哈正黄旗贡貂牲丁数目册   2441

布特哈正白旗贡貂牲丁数目册   2450

布特哈正红旗贡貂牲丁数目册   2459

布特哈镶白旗贡貂牲丁数目册   2467

布特哈镶红旗贡貂牲丁数目册   2469

布特哈正蓝旗贡貂牲丁数目册   2472

布特哈镶蓝旗贡貂牲丁数目册   2474

署理兴安城鄂伦春官兵副都统衔总管关防事务协领宜铿额为呈报贡貂鄂伦春八旗官兵旗佐职名貂皮数致黑龙江将军（光绪二十年六月二十日）   2481

镶黄旗头牛录、二牛录牲丁职名贡貂数目册   2481

正黄旗头牛录、二牛录牲丁职名贡貂数目册   2495

正白旗头牛录、二牛录牲丁职名贡貂数目册   2507

正红旗头牛录、二牛录牲丁职名贡貂数目册   2519

镶白旗头牛录、二牛录牲丁职名贡貂数目册   2531

镶红旗头牛录、二牛录牲丁职名贡貂数目册   2545

正蓝旗头牛录、二牛录牲丁职名贡貂数目册   2560

镶蓝旗头牛录、二牛录牲丁职名贡貂数目册   2571

镶黄旗头牛录、二牛录牲丁职名贡貂数目册（汉文）   2590

正黄旗头牛录、二牛录牲丁职名贡貂数目册（汉文）   2603

正白旗头牛录、二牛录牲丁职名贡貂数目册（汉文）   2615

正红旗头牛录、二牛录牲丁职名贡貂数目册（汉文）   2627

镶白旗头牛录、二牛录牲丁职名贡貂数目册（汉文）   2639

镶红旗头牛录、二牛录牲丁职名贡貂数目册（汉文）   2652

正蓝旗头牛录、二牛录牲丁职名贡貂数目册（汉文）   2667

镶蓝旗头牛录、二牛录牲丁职名贡貂数目册（汉文） 2678

【索伦达呼尔贡貂牲丁旗佐职名册】（光绪二十年六月二十九日） 2697

【镶黄旗】波雍德勒赫尔牛录贡貂牲丁职名册 2698

【镶黄旗】音登托克托牛录贡貂牲丁职名册 2703

【镶黄旗】济克色布牛录贡貂牲丁职名册 2707

【镶黄旗】常云牛录贡貂牲丁职名册 2710

【镶黄旗】成明牛录贡貂牲丁职名册 2714

【镶黄旗】英福牛录贡貂牲丁职名册 2716

【镶黄旗】福聂松阿牛录贡貂牲丁职名册 2718

【镶黄旗】德兴阿牛录贡貂牲丁职名册 2722

【镶黄旗】保元牛录贡貂牲丁职名册 2725

【镶黄旗】讷恩登额牛录贡貂牲丁职名册 2729

【镶黄旗】伯庆牛录贡貂牲丁职名册 2730

正黄旗萨彬吐牛录贡貂牲丁职名册 2732

正黄旗奇石巴牛录贡貂牲丁职名册 2737

正黄旗里精阿牛录贡貂牲丁职名册 2745

正黄旗同克牛录贡貂牲丁职名册 2750

正黄旗倭克精阿牛录贡貂牲丁职名册 2759

正黄旗正通牛录贡貂牲丁职名册 2763

正黄旗沃赫勒图牛录贡貂牲丁职名册 2767

正黄旗德清阿牛录贡貂牲丁职名册 2772

正黄旗铁顺牛录贡貂牲丁职名册 2776

正黄旗三布牛录贡貂牲丁职名册 2779

正黄旗托普升额牛录贡貂牲丁职名册 2783

正黄旗库禄山牛录贡貂牲丁职名册 2788

正黄旗霍洛山牛录贡貂牲丁职名册 2791

正黄旗扎俸阿牛录贡貂牲丁职名册 2793

正黄旗明忠牛录贡貂牲丁职名册 2798

正黄旗赫色布牛录贡貂牲丁职名册 2804

正黄旗温忠牛录贡貂牲丁职名册 2809

正黄旗囊海牛录贡貂牲丁职名册 2813

正黄旗布库波勒多牛录贡貂牲丁职名册 2817

正白旗明凌牛录贡貂牲丁职名册 2823

正白旗哈勒珲牛录贡貂牲丁职名册 2827

正白旗济勒特牛录贡貂牲丁职名册 2832

正白旗赛清阿牛录贡貂牲丁职名册 2837

正白旗扎拉汾牛录贡貂牲丁职名册 2842

正白旗成德牛录贡貂牲丁职名册 2844

正白旗德依丰阿牛录贡貂牲丁职名册 2848

正白旗富常牛录贡貂牲丁职名册 2850

正白旗洪泰牛录贡貂牲丁职名册 2852

正白旗凌清牛录贡貂牲丁职名册 2854

正白旗托布清德牛录贡貂牲丁职名册 2857

正白旗精保牛录贡貂牲丁职名册 2860

正白旗察隆阿牛录贡貂牲丁职名册 2865

正白旗双林牛录贡貂牲丁职名册 2867

正白旗双德牛录贡貂牲丁职名册 2873

正白旗英常牛录贡貂牲丁职名册 2878

正白旗常福牛录贡貂牲丁职名册 2885

正红旗景顺牛录贡貂牲丁职名册 2887

正红旗勒海牛录贡貂牲丁职名册 2889

正红旗郭顺牛录贡貂牲丁职名册 2891

正红旗明福牛录贡貂牲丁职名册 2892

正红旗都明牛录贡貂牲丁职名册 2894

正红旗岱通阿牛录贡貂牲丁职名册 2896

正红旗英隆阿牛录贡貂牲丁职名册 2898

正红旗扎萨图牛录贡貂牲丁职名册 2899

正红旗兴庸牛录贡貂牲丁职名册 2901

正红旗察隆阿牛录贡貂牲丁职名册 2903

正红旗穆通额牛录贡貂牲丁职名册 2906

正红旗班扎尔达西牛录贡貂牲丁职名册 2911

正红旗星德牛录贡貂牲丁职名册 2914

正红旗德海牛录贡貂牲丁职名册 2916

正红旗贲精额牛录贡貂牲丁职名册 2917

正红旗铁郭牛录贡貂牲丁职名册 2921

正红旗星清阿牛录贡貂牲丁职名册 2923

镶白旗和山牛录贡貂牲丁职名册 2926

镶白旗兴常牛录贡貂牲丁职名册 2929

镶白旗定禄牛录贡貂牲丁职名册 2931

镶白旗爱新多尔济牛录贡貂牲丁职名册 2933

镶白旗昌清牛录贡貂牲丁职名册 2935

镶白旗珠尔噶山牛录贡貂牲丁职名册 2936

镶红旗诺钦吉尔嘎儿牛录贡貂牲丁职名册 2940

镶红旗德全牛录贡貂牲丁职名册 2941

镶红旗扎斯洪阿牛录贡貂牲丁职名册 2942

镶红旗蒙库巴雅尔牛录贡貂牲丁职名册 2943

镶红旗呼图尔扎布牛录贡貂牲丁职名册 2944

镶红旗狼狗牛录贡貂牲丁职名册 2945

镶红旗多们扎普牛录贡貂牲丁职名册 2946

正蓝旗卧尔托吉尔嘎儿牛录贡貂牲丁职名册 2948

正蓝旗明兴阿牛录贡貂牲丁职名册 2950

正蓝旗吉隆阿牛录贡貂牲丁职名册 2951

镶蓝旗硕尔吉山牛录贡貂牲丁职名册 2952

镶蓝旗西木噶济尔嘎儿牛录贡貂牲丁职名册 2954

镶蓝旗西拉布牛录贡貂牲丁职名册 2955

镶蓝旗国瓦木布璋克西克牛录贡貂牲丁职名册 2957

镶蓝旗那新吉尔嘎儿牛录贡貂牲丁职名册 2959

布特哈副都统为报送摩凌阿鄂伦春贡貂牲丁旗佐职名册致黑龙江将军（光绪二十一年五月二十四日） 2963

正红旗都隆阿牛录贡貂牲丁职名册 2963

正红旗乌尔滚济尔嘎勒牛录贡貂牲丁职名册 2965

正红旗德迷善牛录贡貂牲丁职名册 2967

镶白旗和寿牛录贡貂牲丁职名册 2968

镶红旗正常牛录贡貂牲丁职名册 2970

正蓝旗巴尼遴扎布牛录贡貂牲丁职名册 2971

为报送毕拉尔路鄂伦春贡貂官兵旗佐职名册致黑龙江将军（光绪二十三年六月初八日） 2977

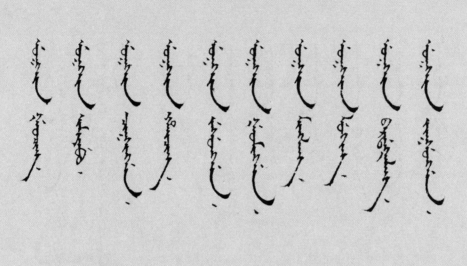

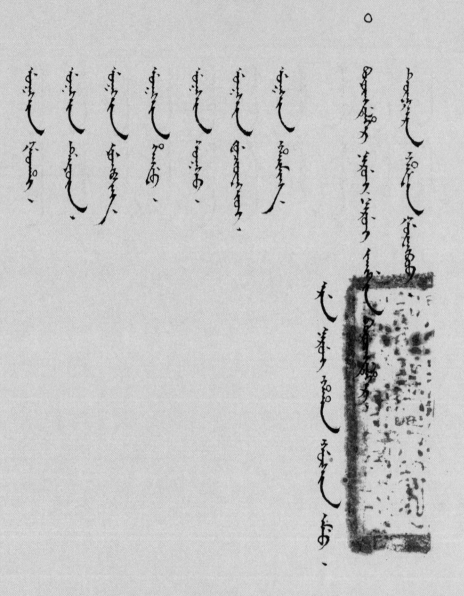

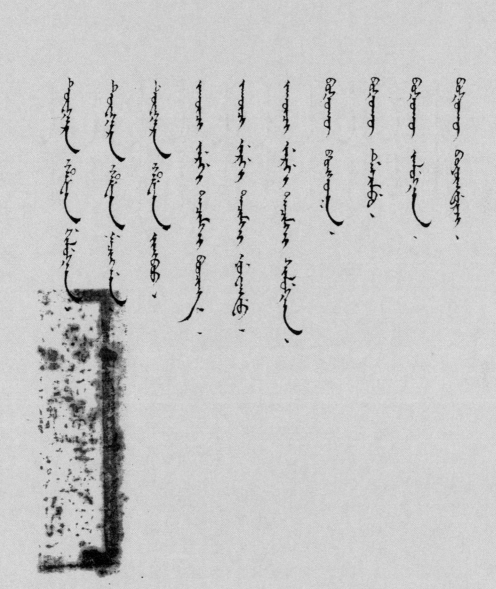

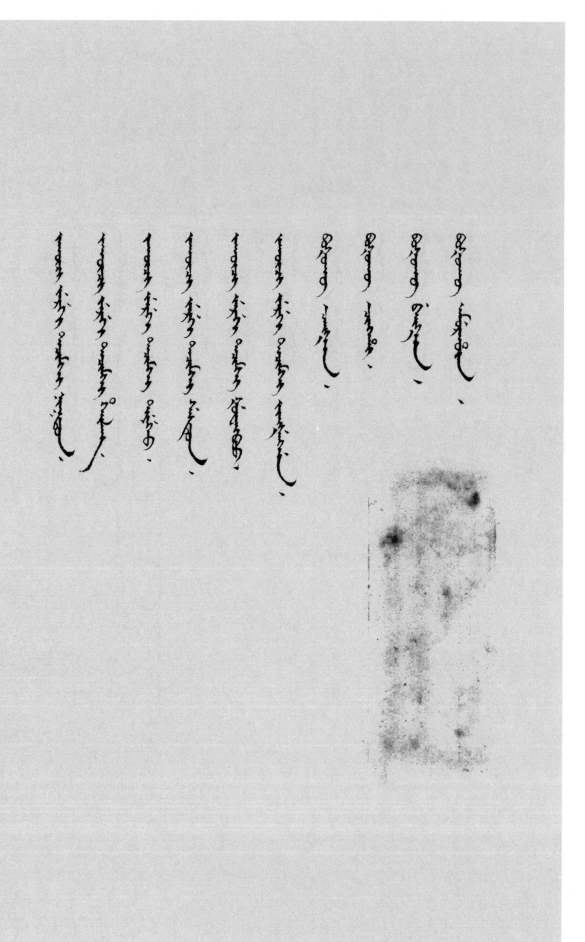

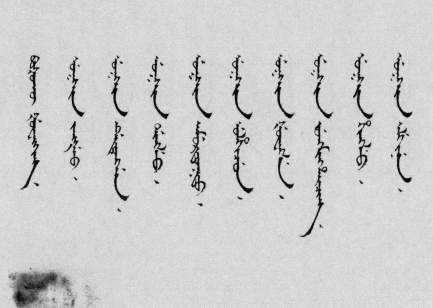

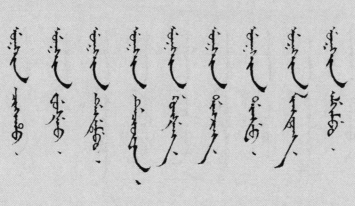

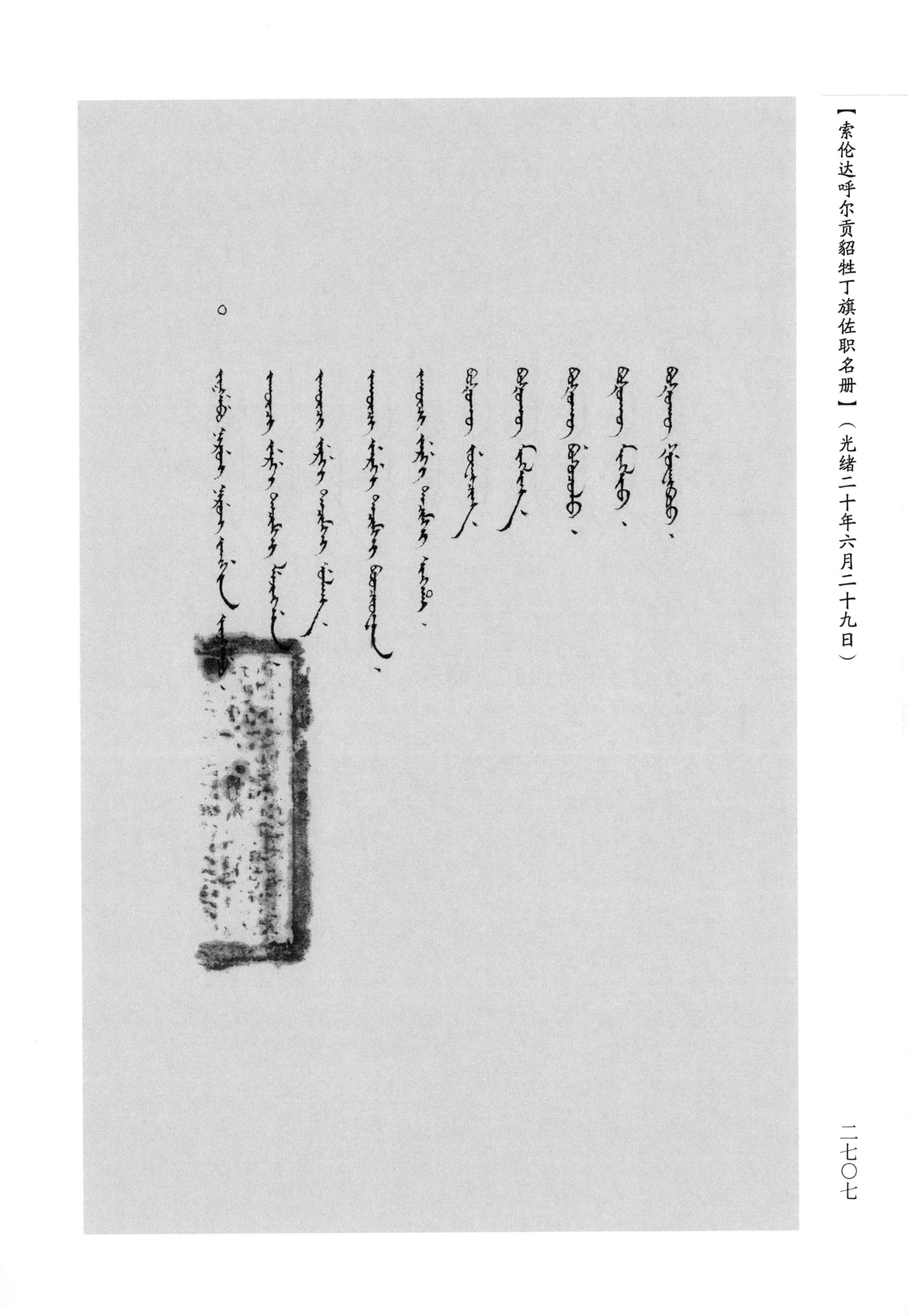

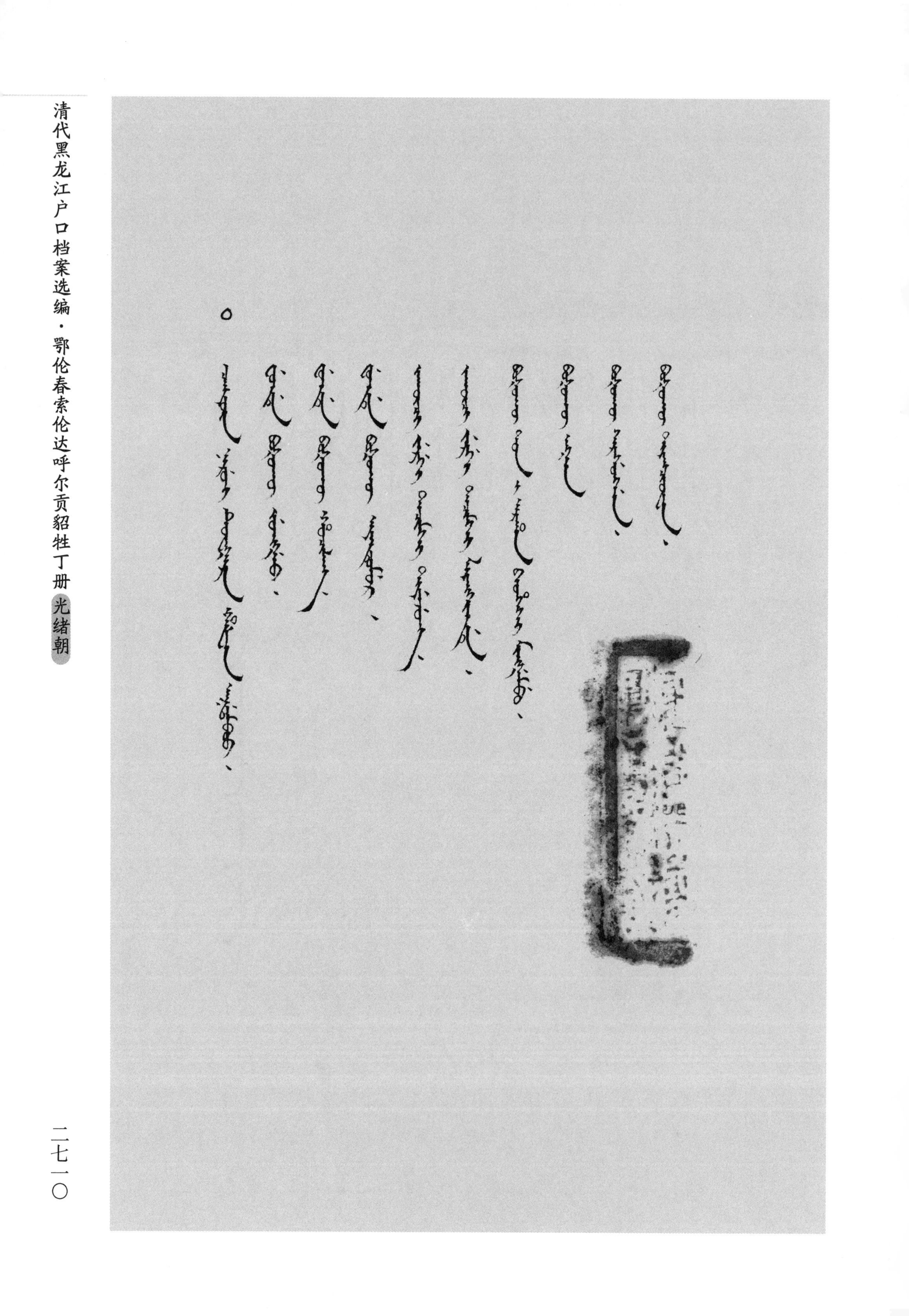

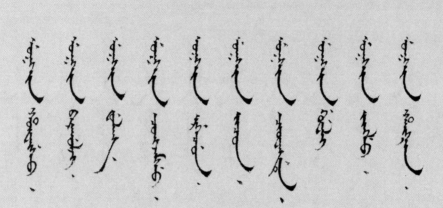

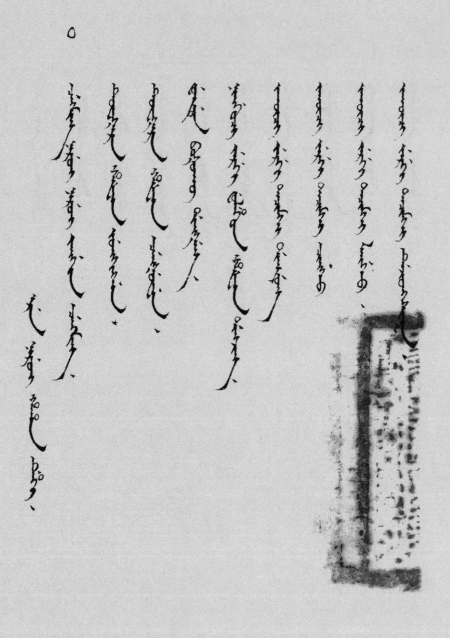

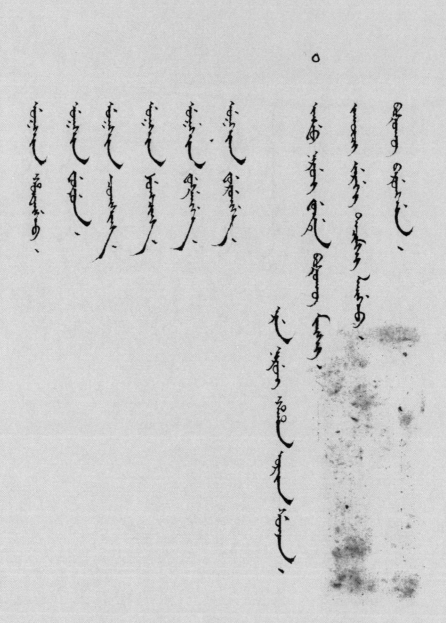

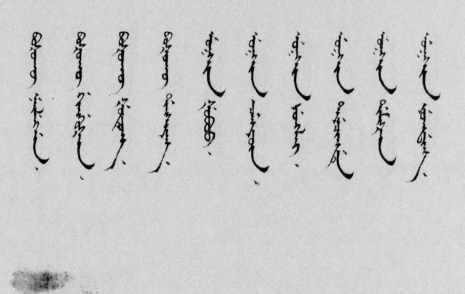

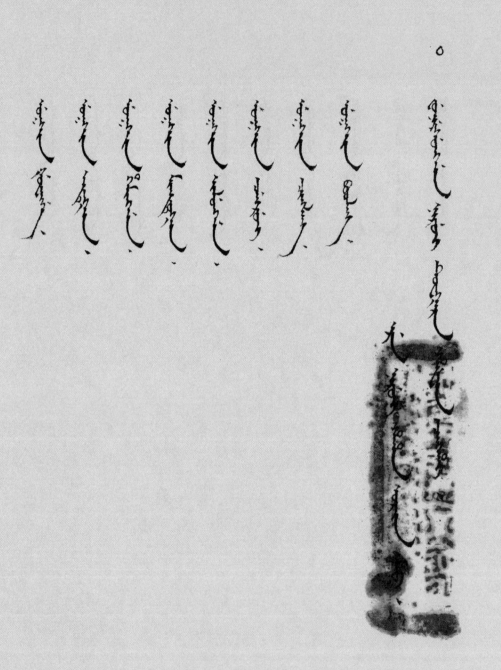

ᠪᠢᠳᠡᠨ ᠶ

ᠪᠢᠳᠡᠨ ᠶ

ᠪᠢᠳᠡᠨ ᠶ

ᠪᠢᠳᠡᠨ ᠶ

ᠪᠢᠳᠡᠨ ᠶ

ᠪᠢᠳᠡᠨ ᠶ

ᠪᠢᠳᠡᠨ ᠶ

ᠪᠢᠳᠡᠨ ᠶ

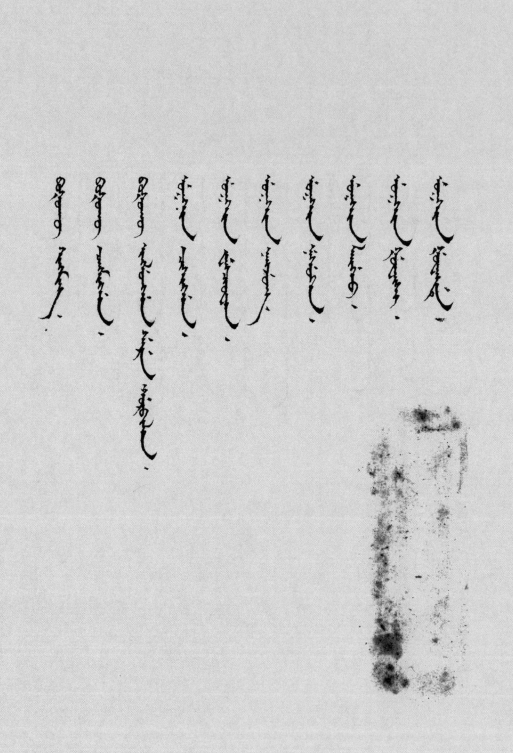

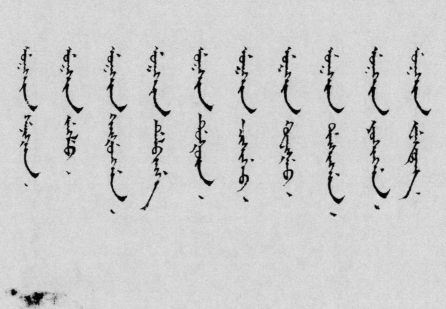

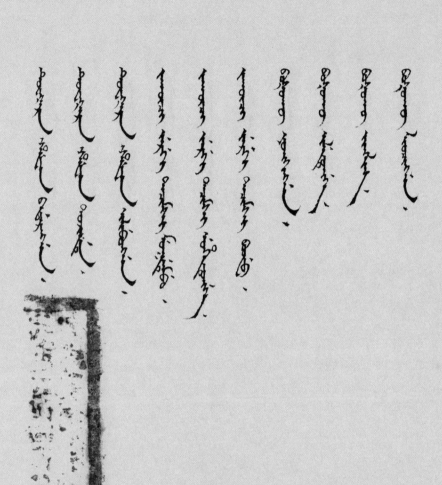

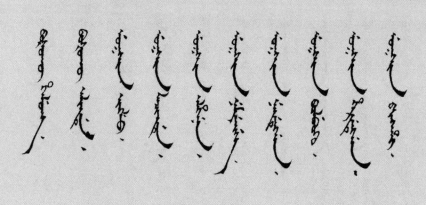

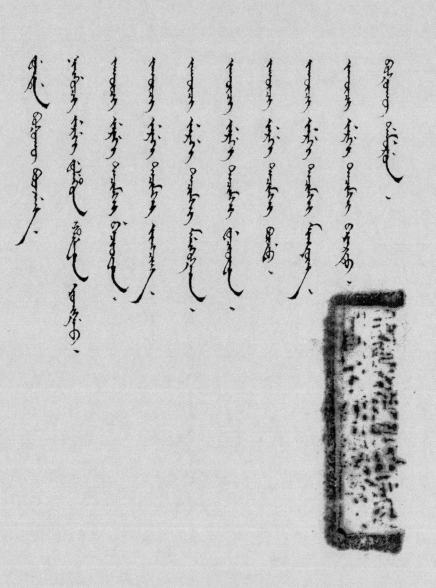

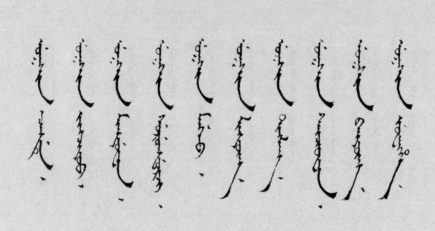

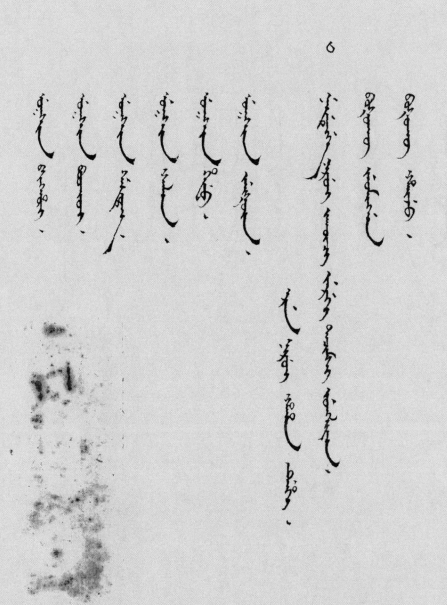

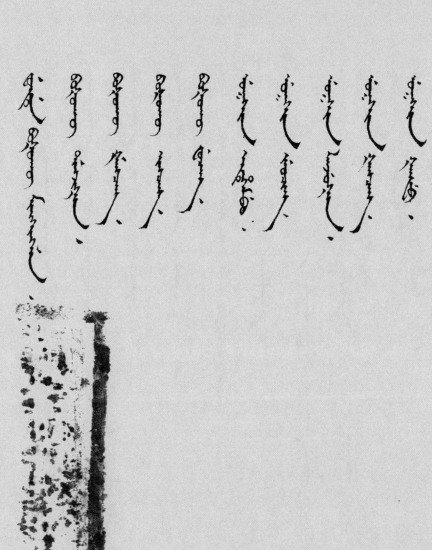

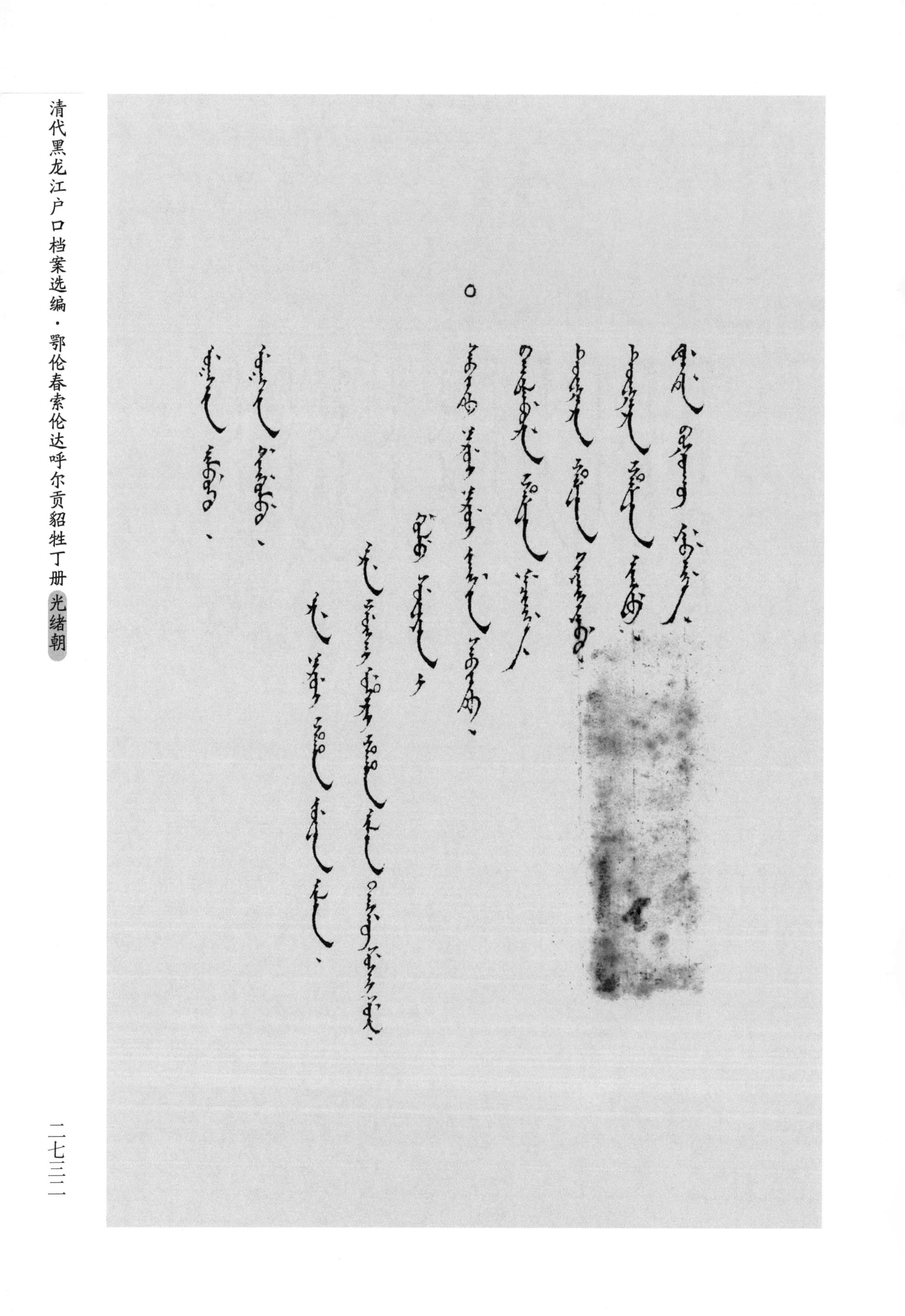

ᠪᠣᠱᠣᠩ ᠪᠣᠱᠣᠩ ᠪᠣᠱᠣᠩ ᠪᠣᠱᠣᠩ ᠪᠣᠱᠣᠩ ᠪᠣᠱᠣᠩ ᠪᠣᠱᠣᠩ ᠪᠣᠱᠣᠩ ᠪᠣᠱᠣᠩ ᠪᠣᠱᠣᠩ

ᡨᡝᡳᠯᡝ
ᡨᡝᡳᠯᡝ
ᡨᡝᡳᠯᡝ
ᡨᡝᡳᠯᡝ
ᡨᡝᡳᠯᡝ
ᡨᡝᡳᠯᡝ
ᡨᡝᡳᠯᡝ
ᡨᡝᡳᠯᡝ
ᡨᡝᡳᠯᡝ
ᡨᡝᡳᠯᡝ

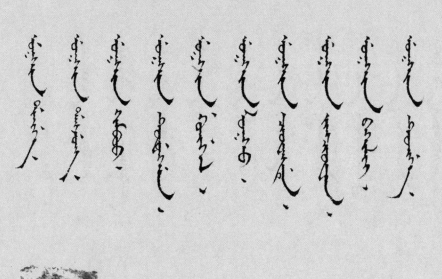

清代黑龙江户口档案选编·鄂伦春索伦达呼尔贡貂牲丁册　光绪朝

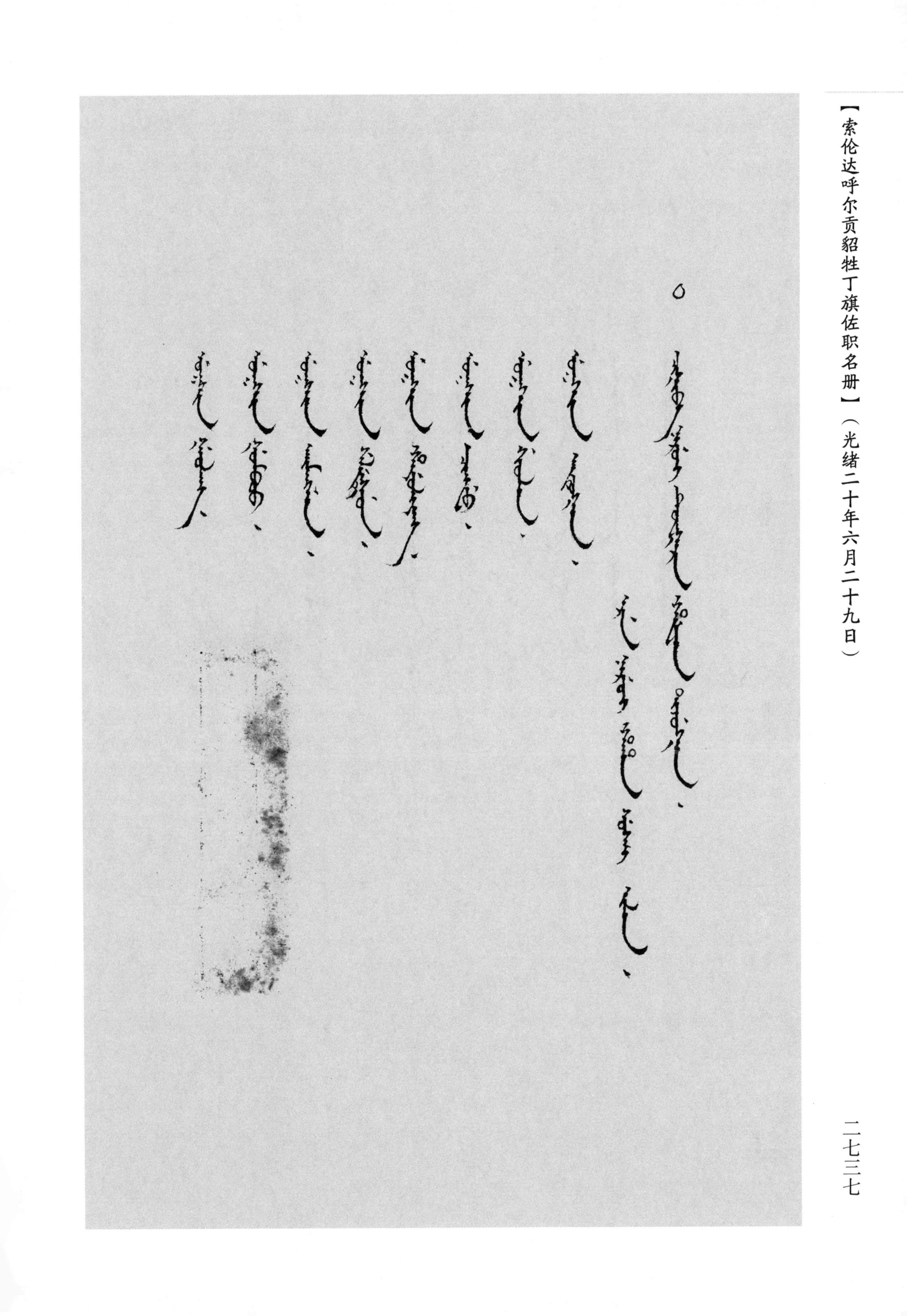

ᠪᠣᠳᠣ
ᠪᠣᠳᠣ
ᠪᠣᠳᠣ
ᠪᠣᠳᠣ
ᠪᠣᠳᠣ
ᠪᠣᠳᠣ
ᠪᠣᠳᠣ
ᠪᠣᠳᠣ
ᠪᠣᠳᠣ

ᠣᠨᠴᠣ
ᠪᠣᠯᠠᠢ
ᠮᠠᠨ

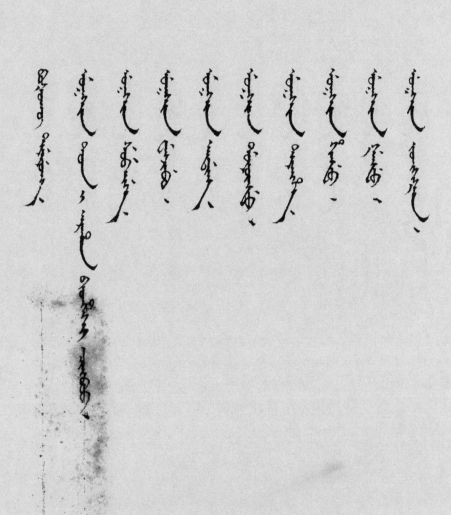

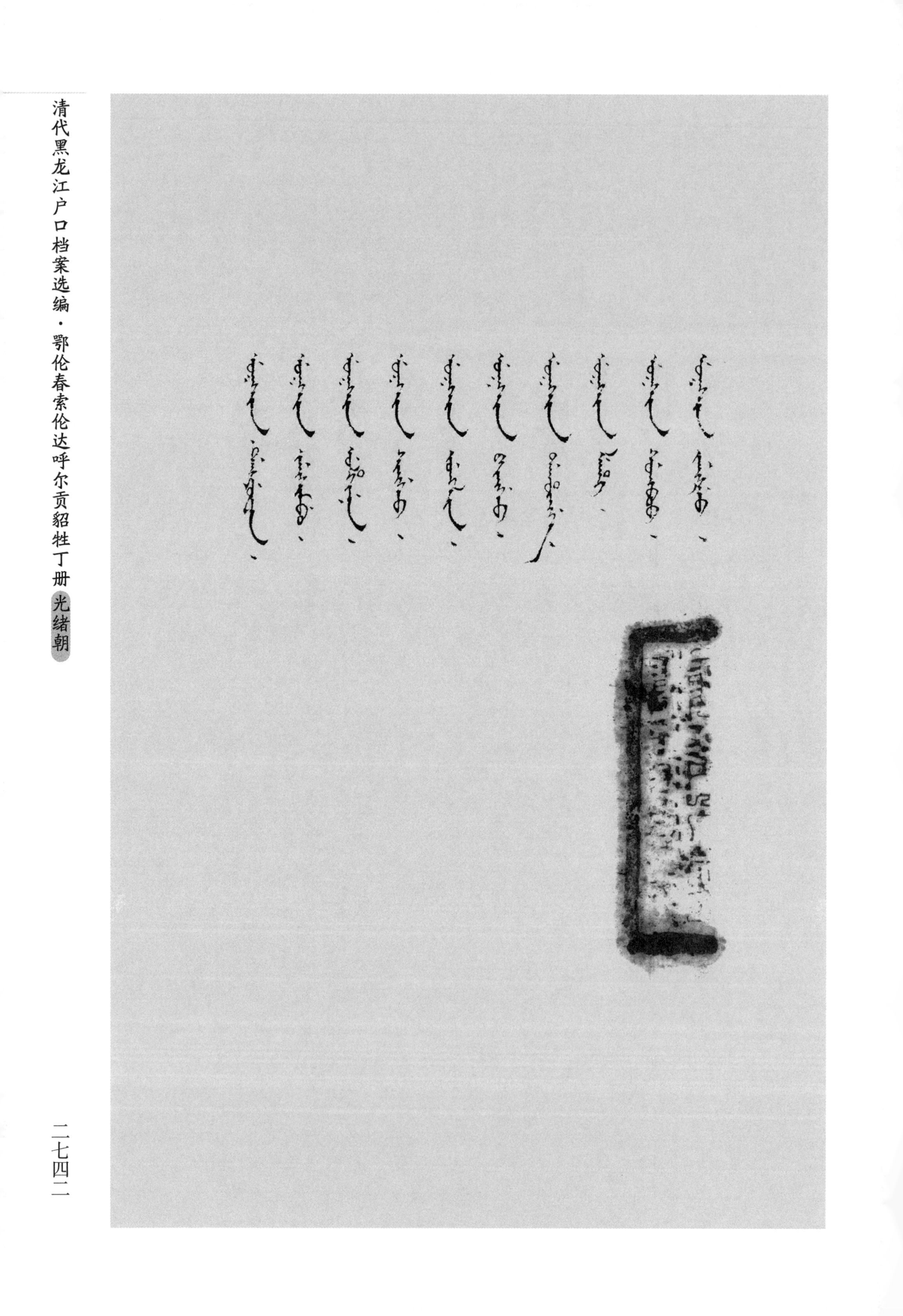

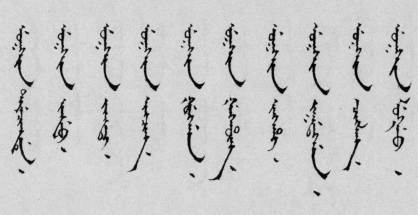

ᠵᠠᠩᡤᡳᠶᠠᠨ

ᠪᠠᠷᠠᠨ

ᠪᠠᠷᠠᠨ

ᠪᠠᠷᠠᠨ

ᠯᠠᠮᠠᠰᠠᠨ

ᠵᠠᠩᡤᡳᠶᠠᠨ

ᠪᠠᠷᠠᠨ

ᠪᠠᠷᠠᠨ

ᠯᠠᠮᠠᠰᠠᠨ

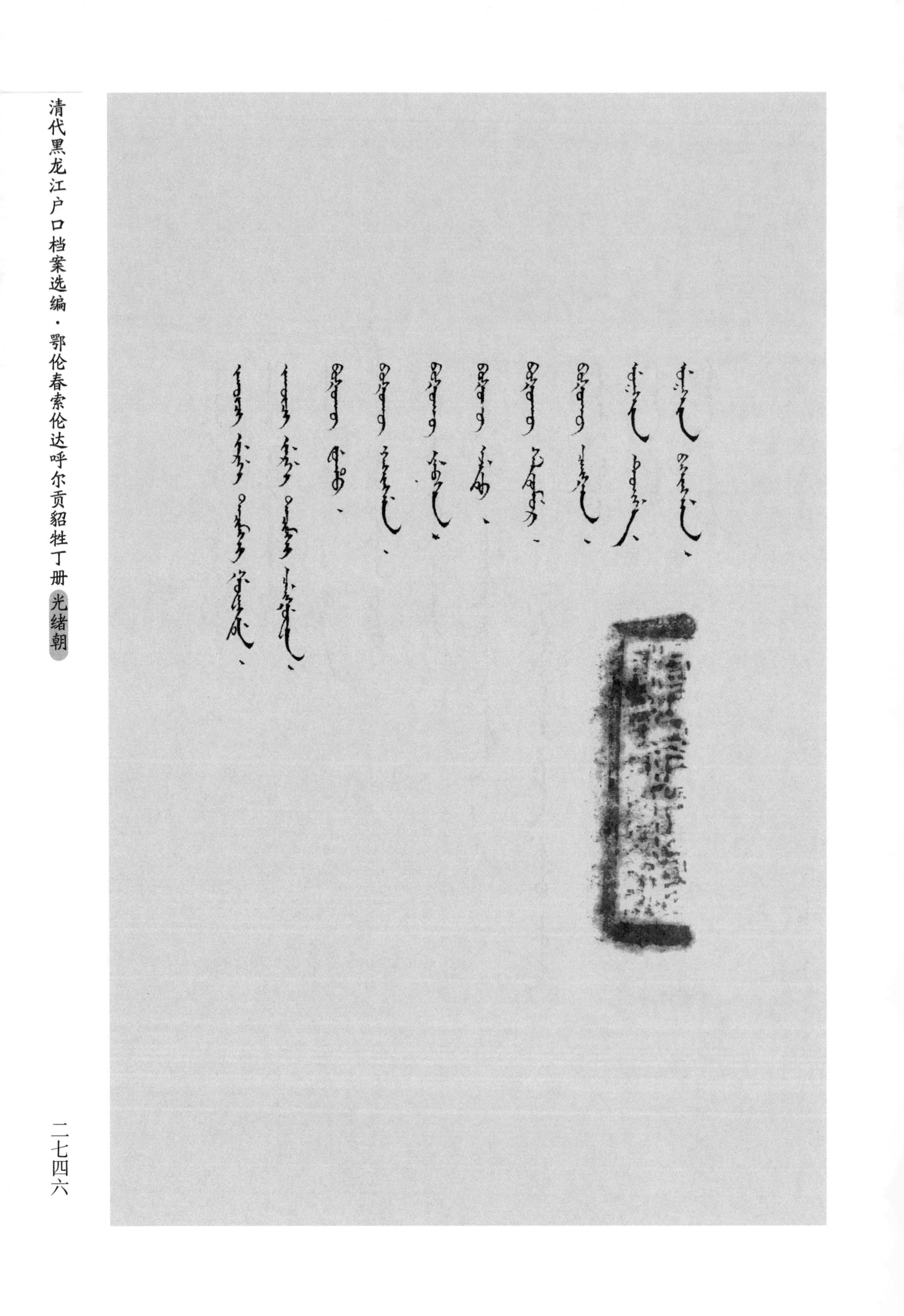

清代黑龙江户口档案选编·鄂伦春索伦达呼尔贡貂牲丁册 光绪朝

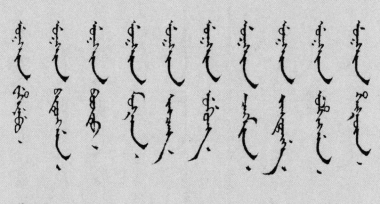

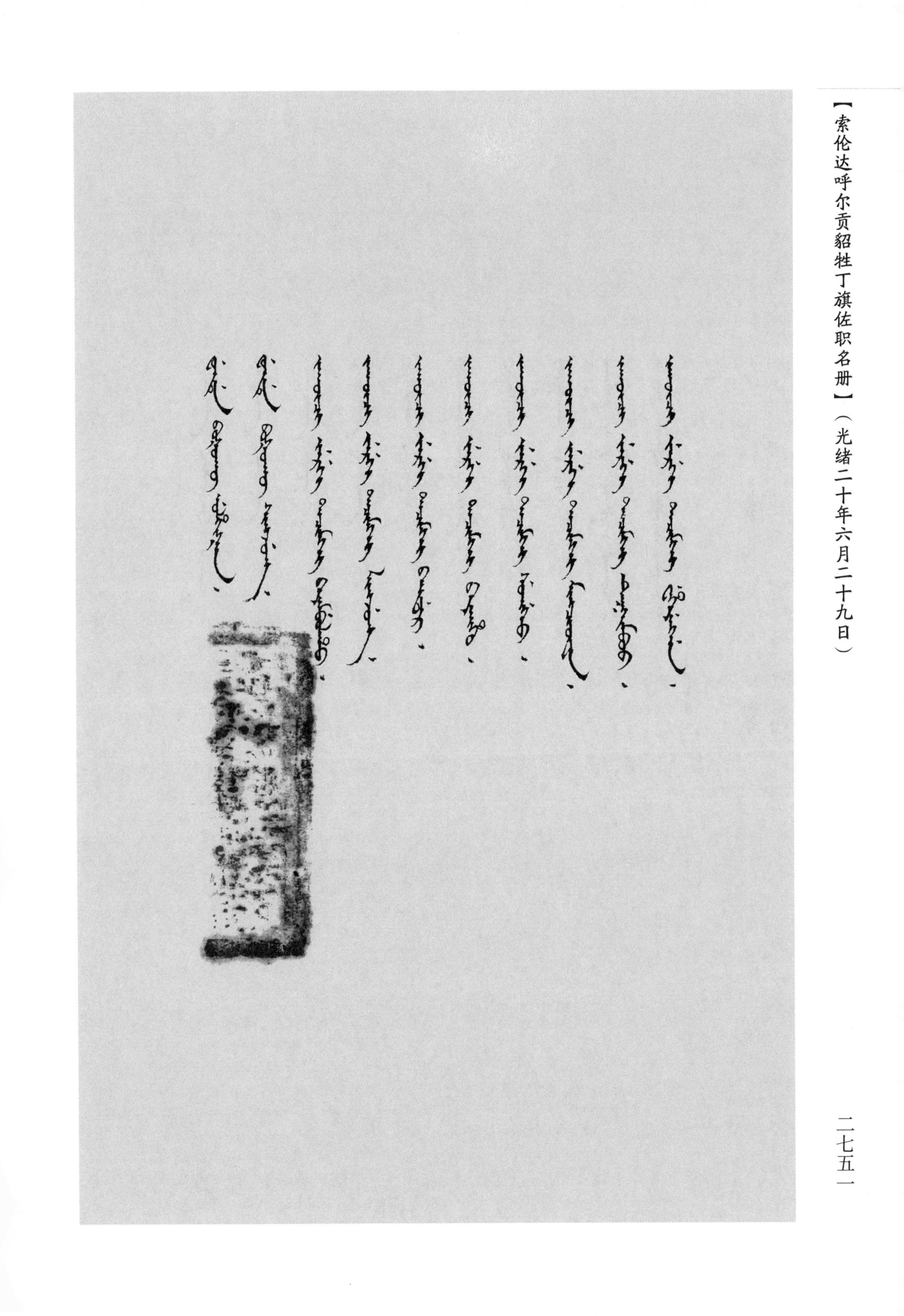

ᠮᠣᠩᡤᠣᠯ
ᠮᠣᠩᡤᠣᠯ

清代黑龙江户口档案选编·鄂伦春索伦达呼尔贡貂牲丁册 光绪朝

ᠪᠣᠱᠣ ᠪᠣᠱᠣ ᠪᠣᠱᠣ

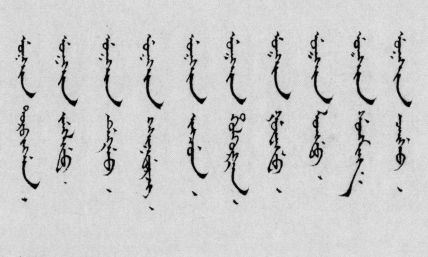

清代黑龙江户口档案选编·鄂伦春索伦达呼尔贡貂牲丁册　光绪朝

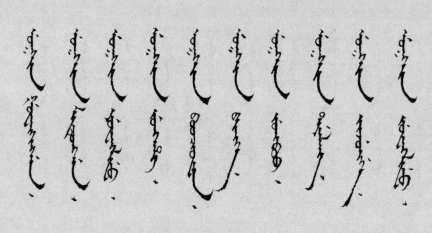

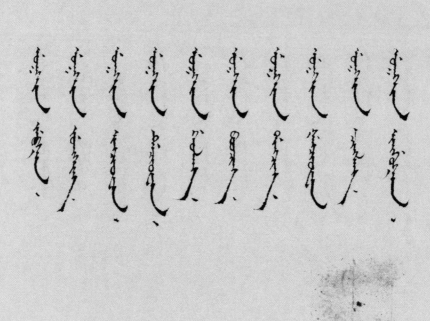

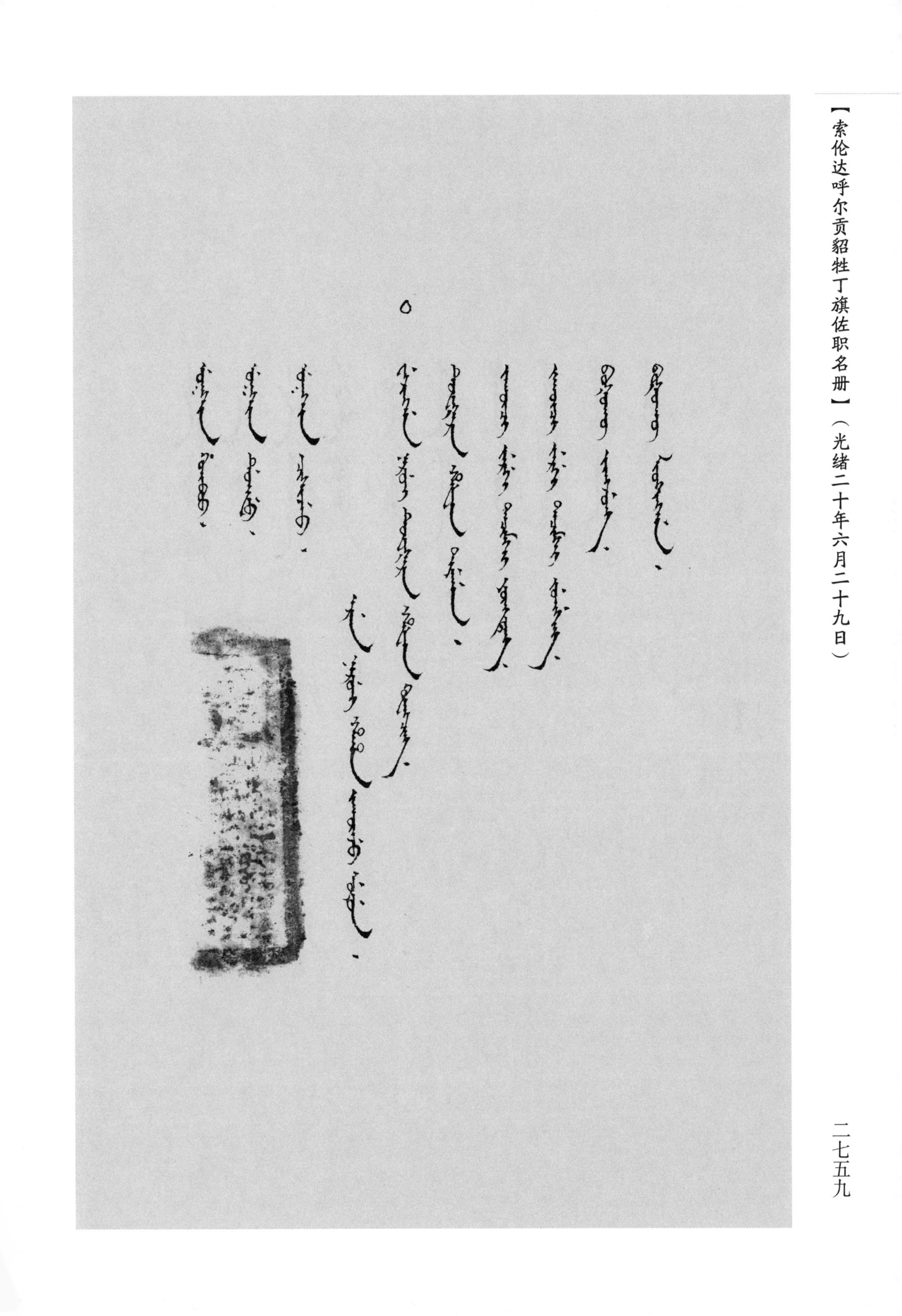

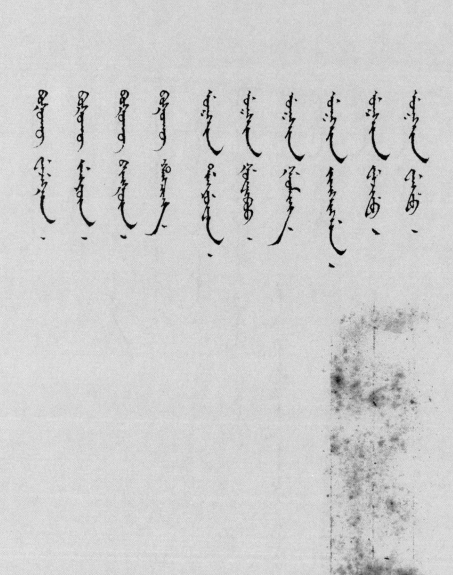

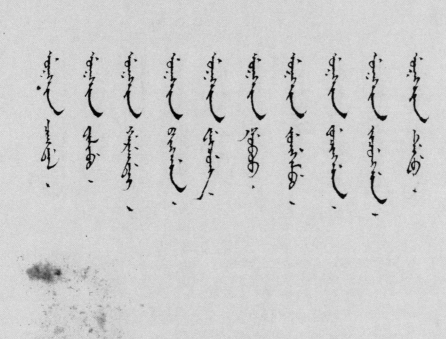

清代黑龙江户口档案选编·鄂伦春索伦达呼尔贡貂牲丁册 光绪朝

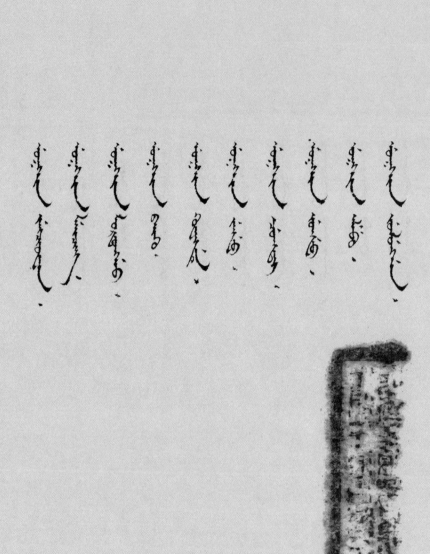

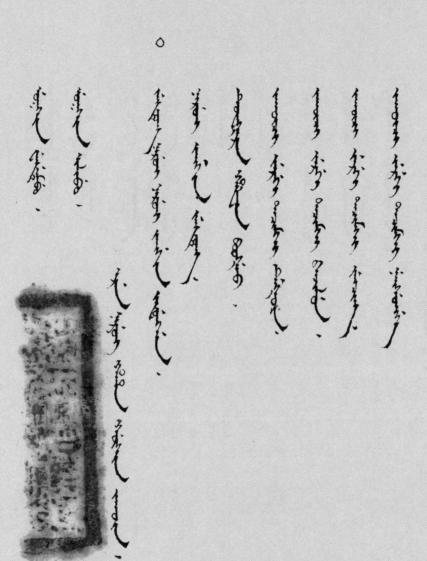

清代黑龙江户口档案选编·鄂伦春索伦达呼尔贡貂牲丁册 光绪朝

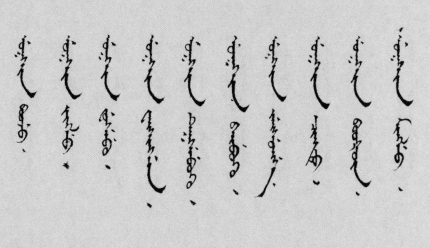

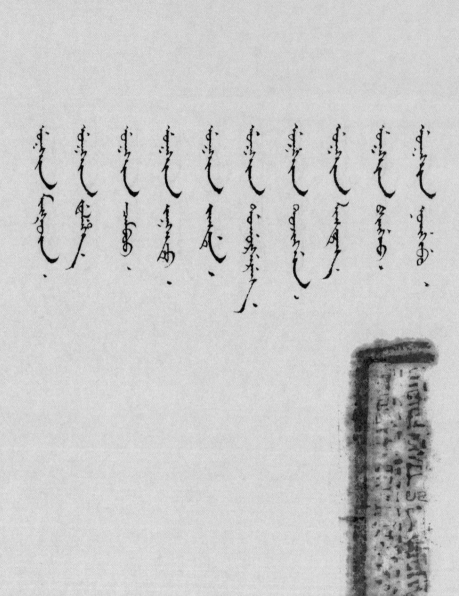

清代黑龙江户口档案选编·鄂伦春索伦达呼尔贡貂牲丁册 光绪朝

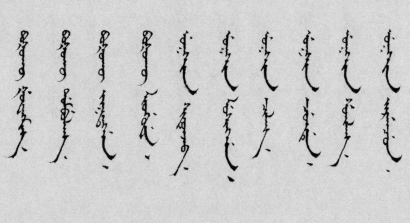

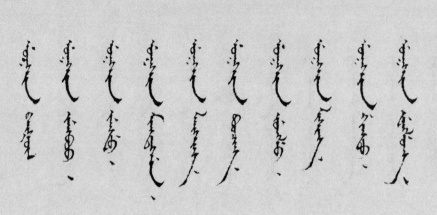

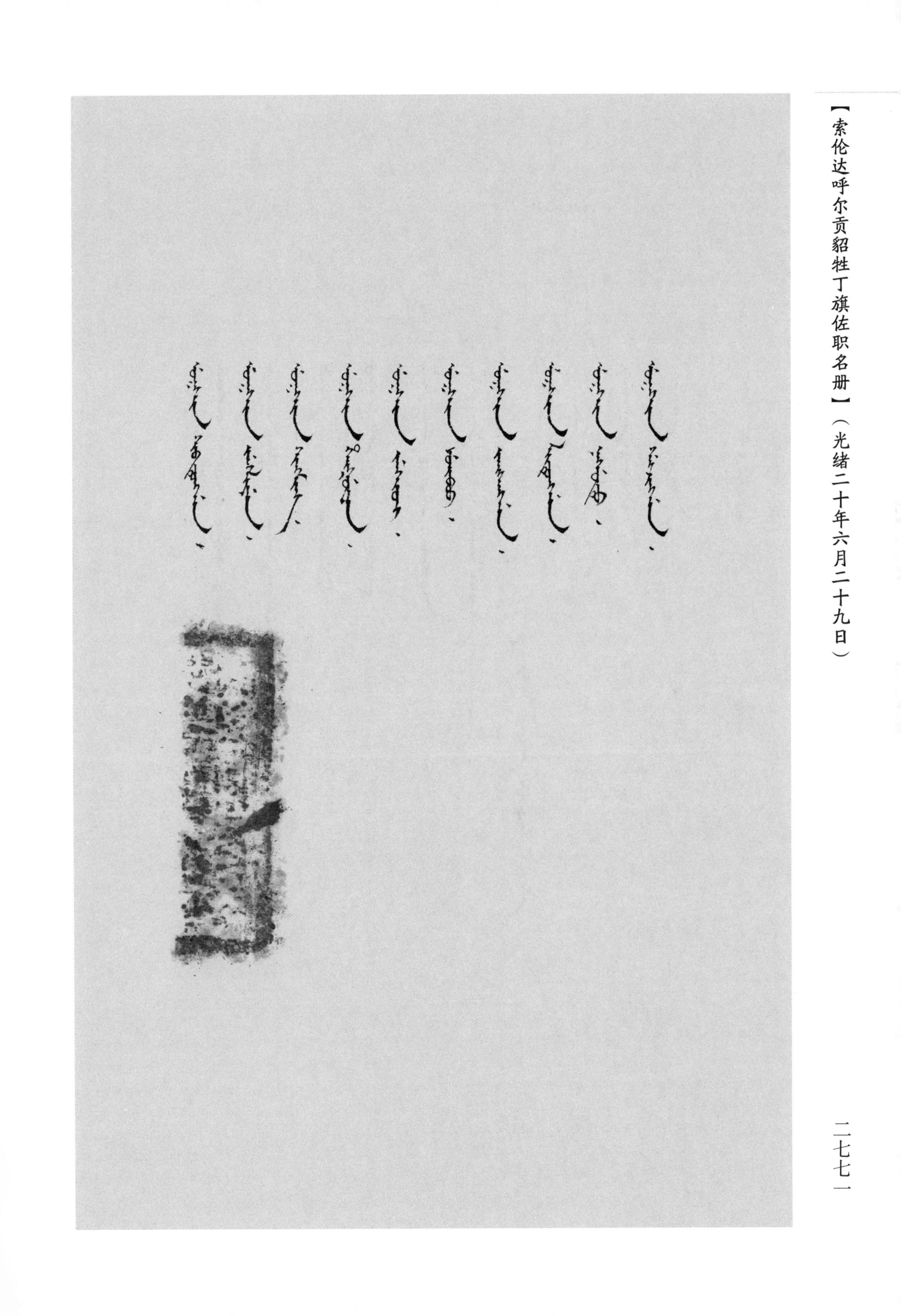

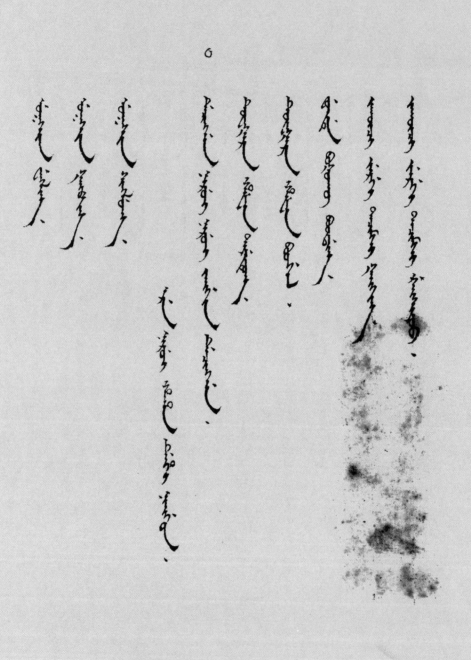

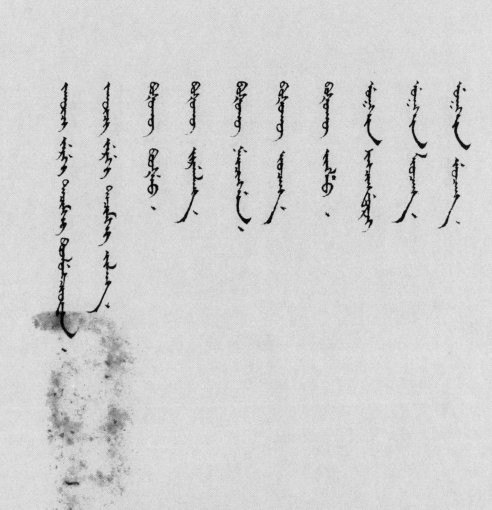

清代黑龙江户口档案选编·鄂伦春索伦达呼尔贡貂牲丁册 光绪朝

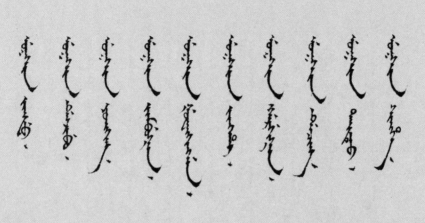

ᠵᠠᠯᠠᠨ ᡳ
ᠵᠠᠩᡤᡳᠨ
ᠰᡳᠮᠪᠠᠩᡤᠠ᠂
ᠪᠣᠱᠣᠺᡠ
ᠰᡳᠷᠠᠨᠵᠠᠪᠠᡳ᠂
ᠰᡳᠨ ᡳ
ᡥᠠᠯᠠ
ᡝᠯᠪᠠᠩᡤᠠ᠂
ᠯᠠᠰᠠᠷ ᡳ
ᡥᠠᠯᠠ
ᠰᡠᡵᠠᠨᠵᠠ᠂
ᠣᠷᠣᠩ ᡳ
ᡥᠠᠯᠠ
ᠪᠠᠶᠠᠨ᠂

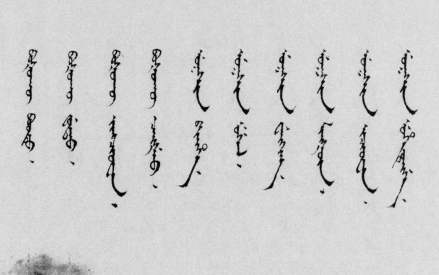

清代黑龙江户口档案选编·鄂伦春索伦达呼尔贡貂牲丁册 光绪朝

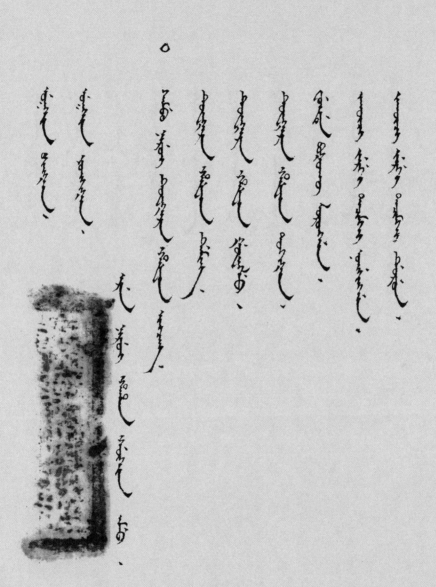

清代黑龙江户口档案选编·鄂伦春索伦达呼尔贡貂牲丁册 光绪朝

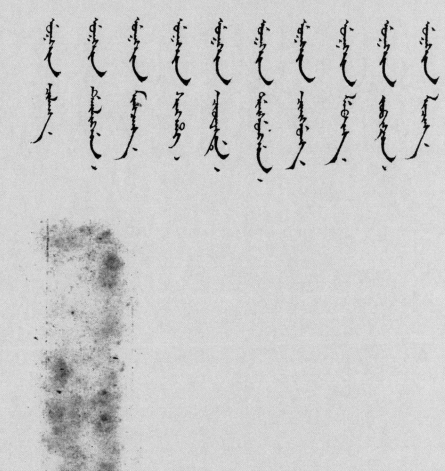

清代黑龙江户口档案选编·鄂伦春索伦达呼尔贡貂牲丁册 光绪朝

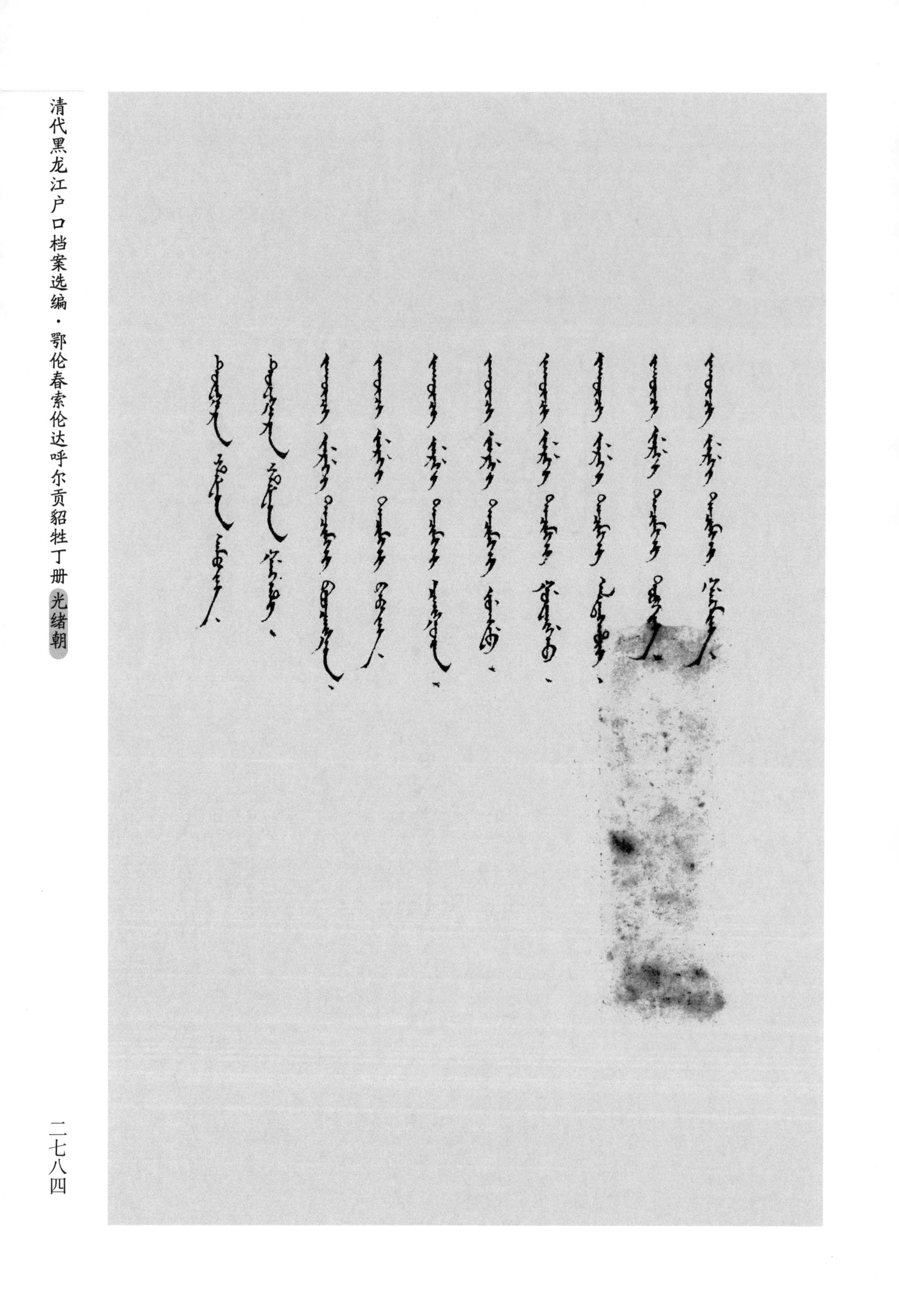

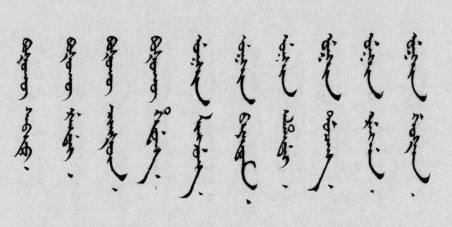

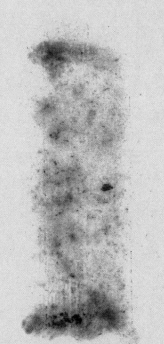

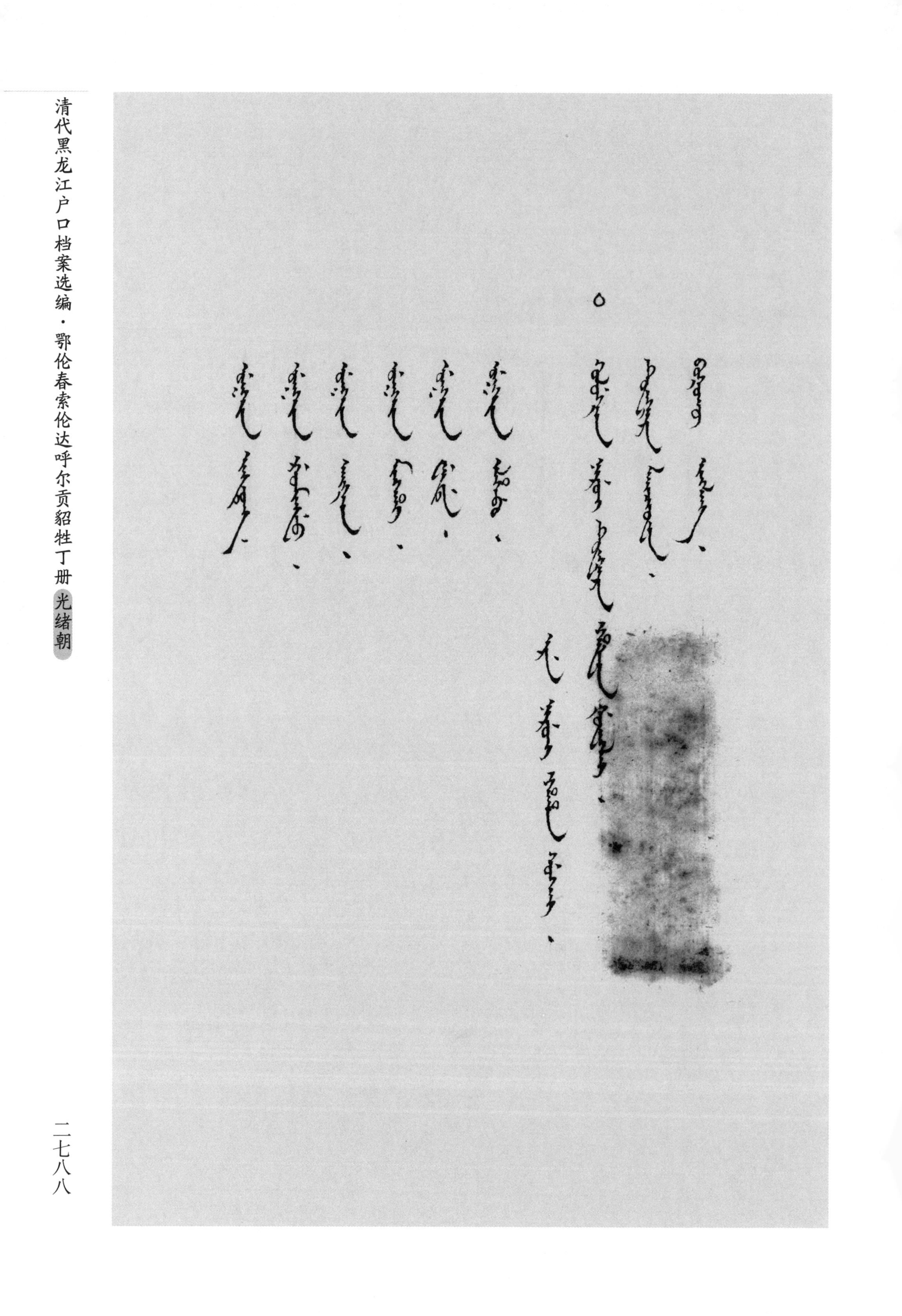

清代黑龙江户口档案选编·鄂伦春索伦达呼尔贡貂牲丁册 光绪朝

清代黑龙江户口档案选编·鄂伦春索伦达呼尔贡貂牲丁册 光绪朝

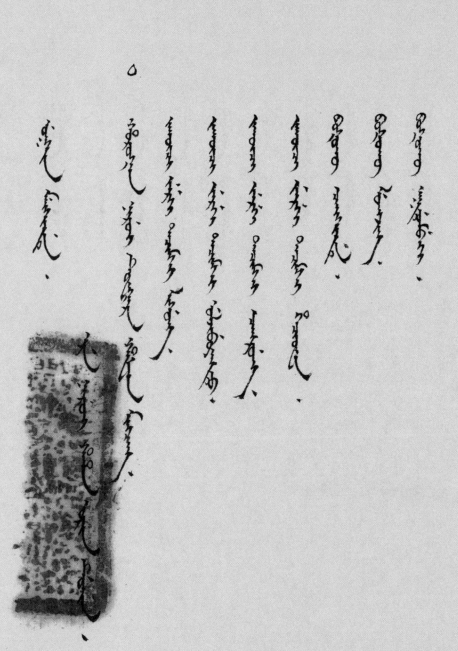

清代黑龙江户口档案选编·鄂伦春索伦达呼尔贡貂牲丁册 光绪朝

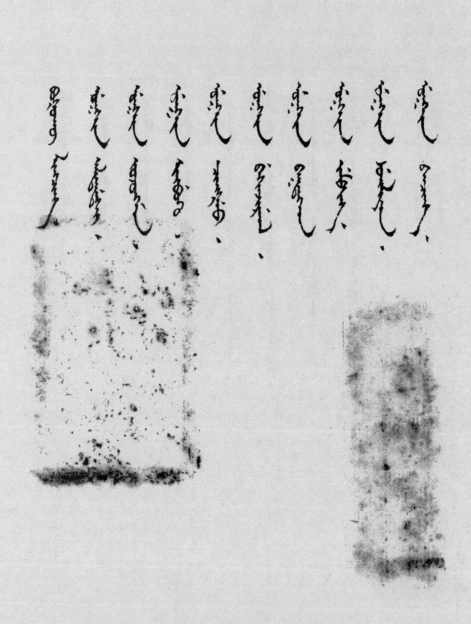

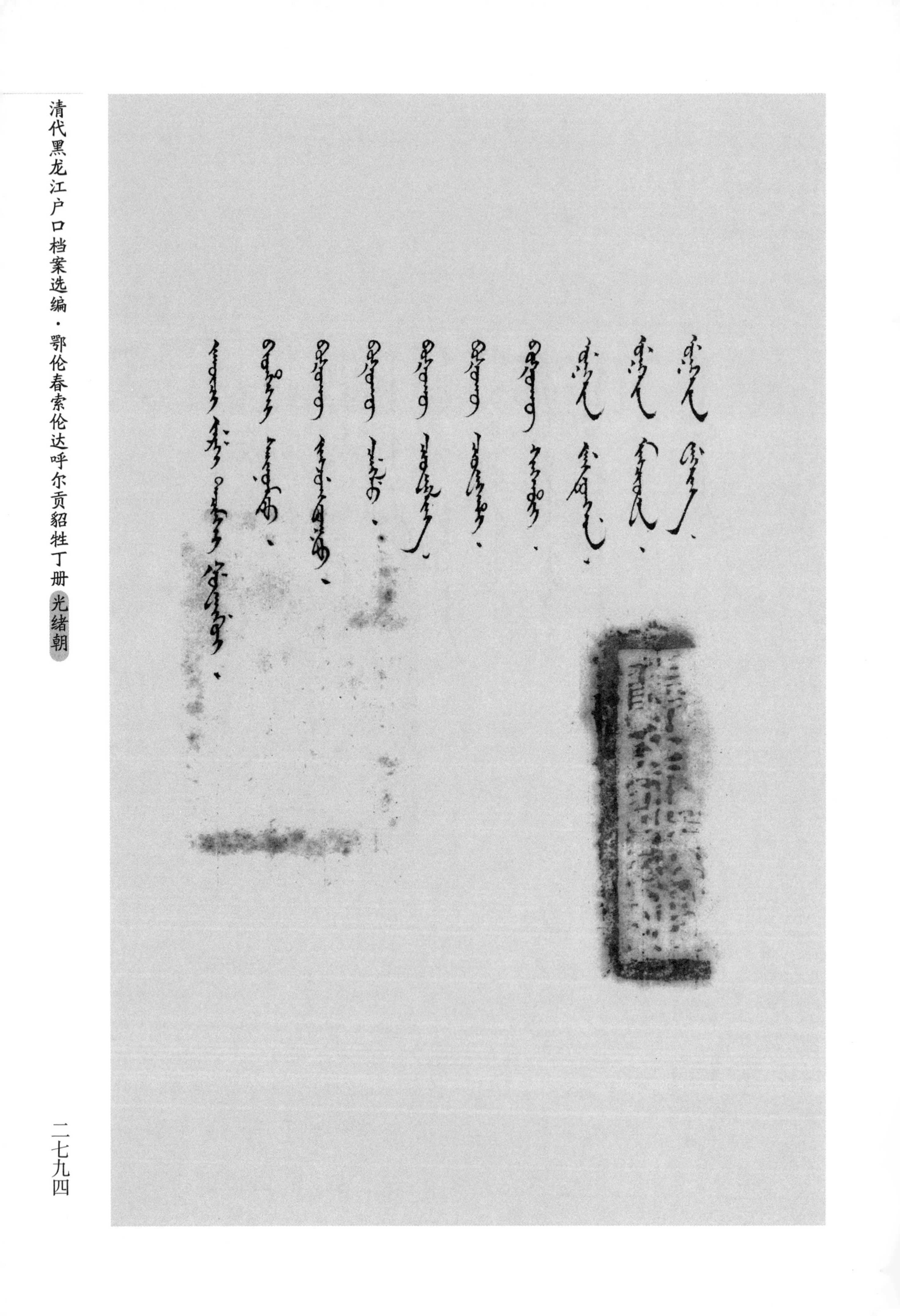

清
代
黑
龙
江
户
口
档
案
选
编
·
鄂
伦
春
索
伦
达
呼
尔
贡
貂
牲
丁
册
光绪朝

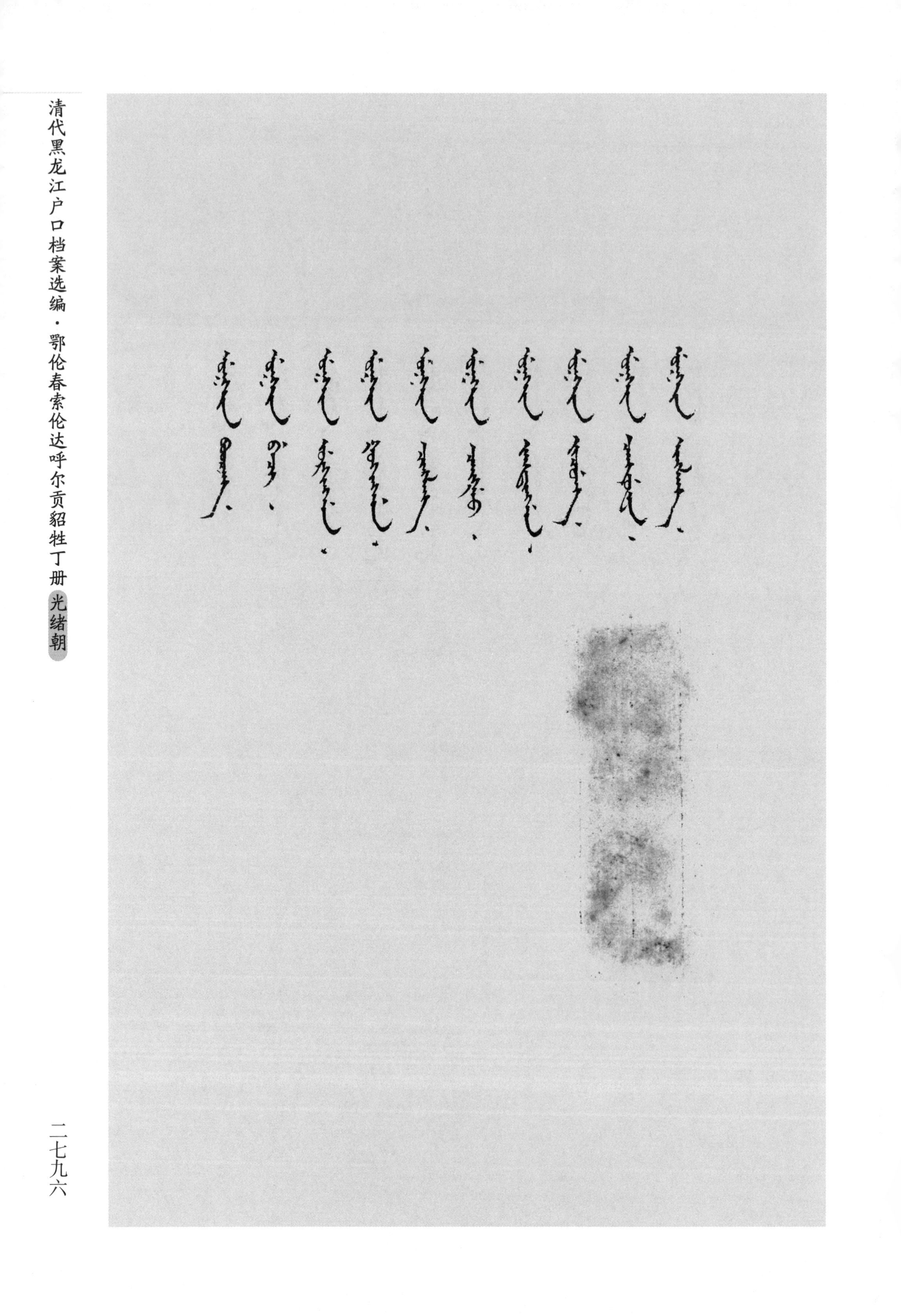

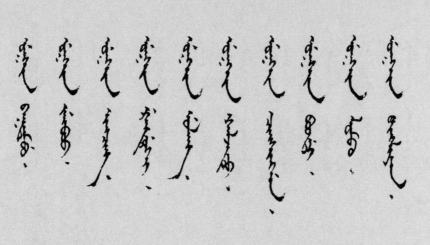

清代黑龙江户口档案选编·鄂伦春索伦达呼尔贡貂牲丁册 光绪朝

ᠪᠡᠶ᠎ᠡ
ᠠᠳᠠᠯᠢ
ᠪᠡᠶ᠎ᠡ
ᠠᠳᠠᠯᠢ
ᠪᠡᠶ᠎ᠡ
ᠠᠳᠠᠯᠢ
ᠪᠡᠶ᠎ᠡ
ᠠᠳᠠᠯᠢ
ᠪᠡᠶ᠎ᠡ
ᠠᠳᠠᠯᠢ
ᠪᠡᠶ᠎ᠡ
ᠠᠳᠠᠯᠢ
ᠪᠡᠶ᠎ᠡ
ᠠᠳᠠᠯᠢ

ᠰᠤᠷᠠᠨ ᠠᠮᠪᠠ ᠠᠮᠪᠠ ᠠᠮᠪᠠ
ᠮᠡᠨᠳᠦ ᠮᠡᠨᠳᠦ ᠮᠡᠨᠳᠦ
ᠠᠮᠤᠷ ᠠᠮᠤᠷ ᠠᠮᠤᠷ

清代黑龙江户口档案选编·鄂伦春索伦达呼尔贡貂牲丁册　光绪朝

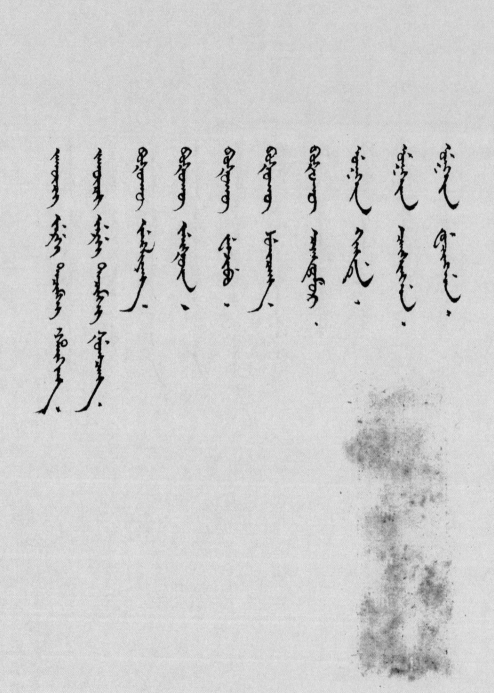

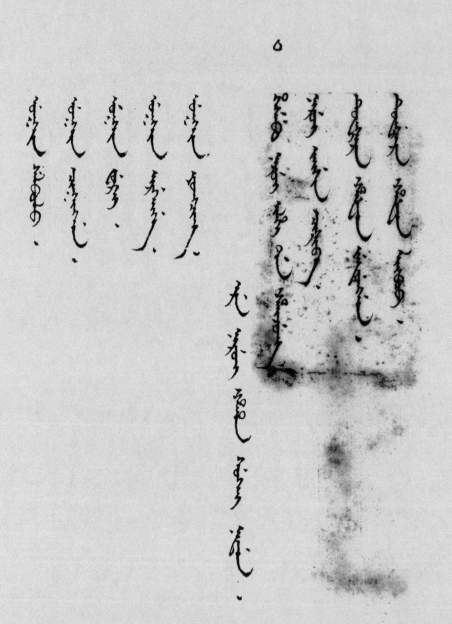

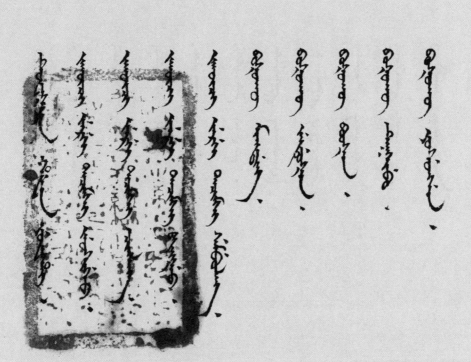

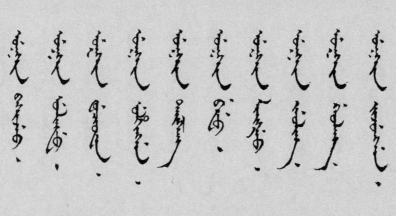

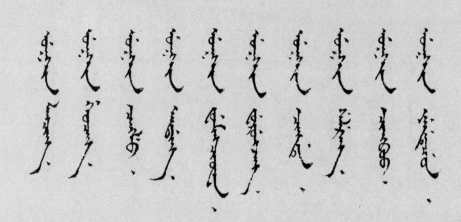

ᠮᠠᠨᠵᠤ

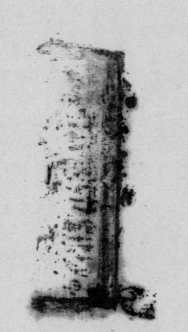

清代黑龙江户口档案选编·鄂伦春索伦达呼尔贡貂牲丁册 光绪朝

ᠪᠣᠣ
ᠨᡳ
᠎᠎
(Manchu script text in vertical columns)

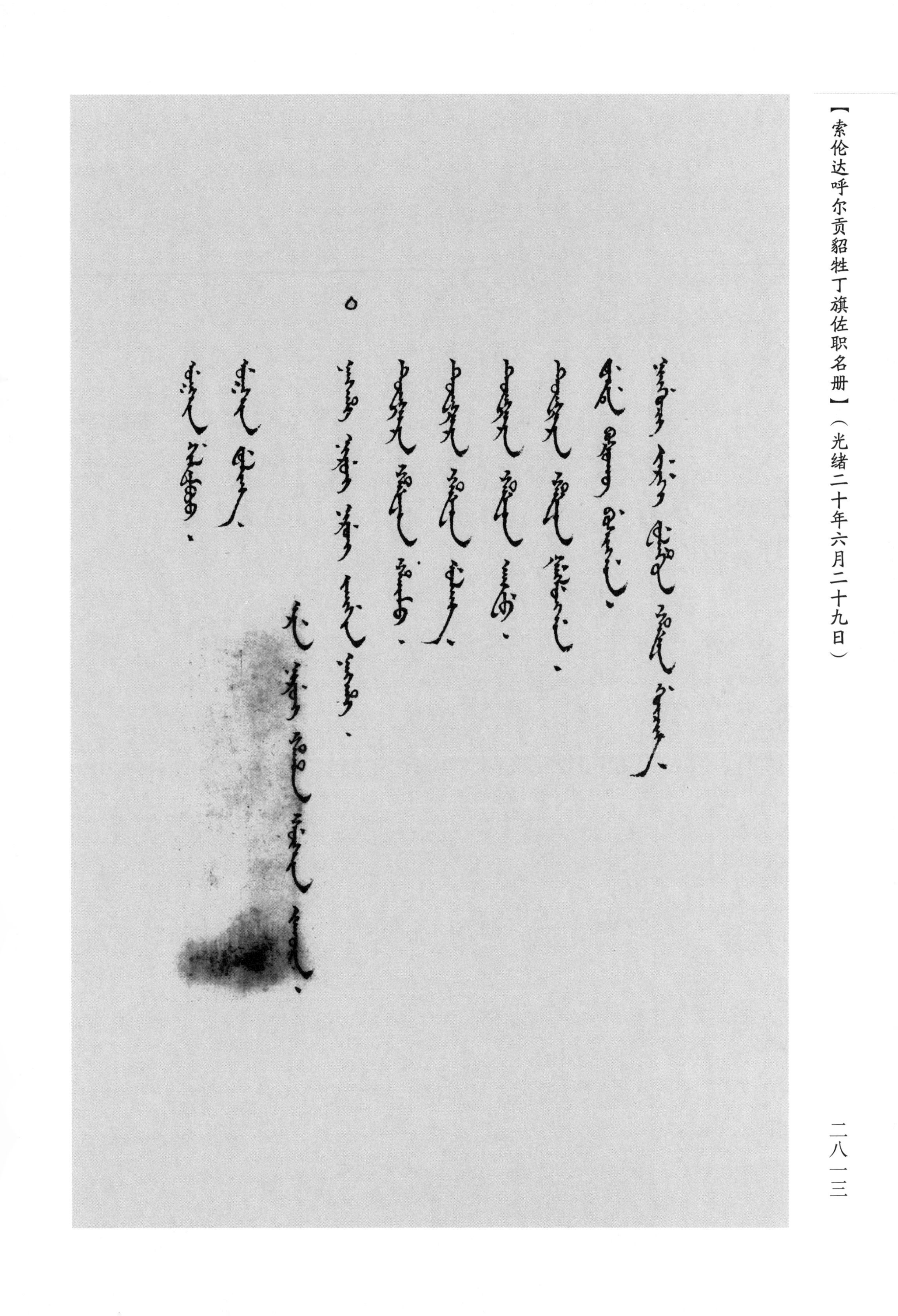

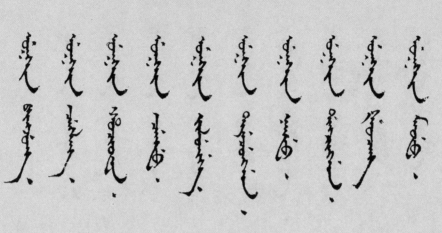

清代黑龙江户口档案选编·鄂伦春索伦达呼尔贡貂牲丁册 光绪朝

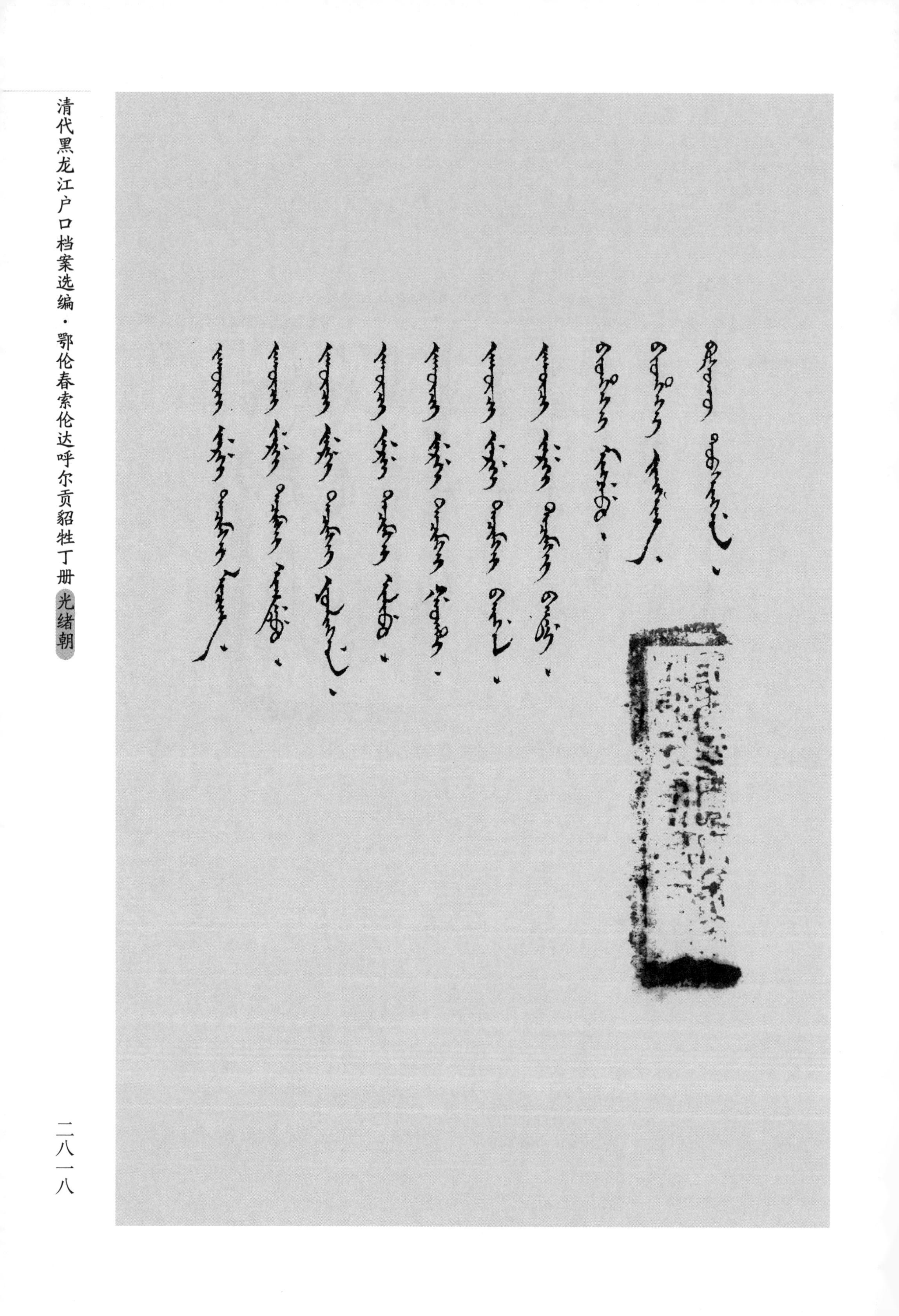

ᠮᠠᠨᠵᠤ

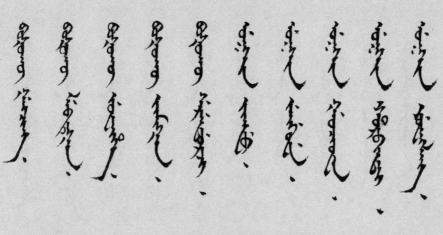

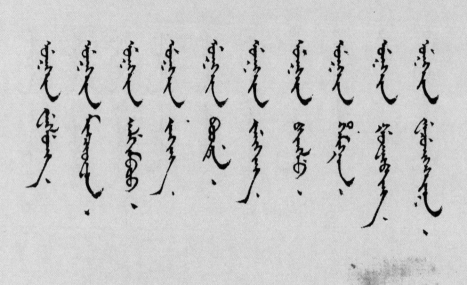

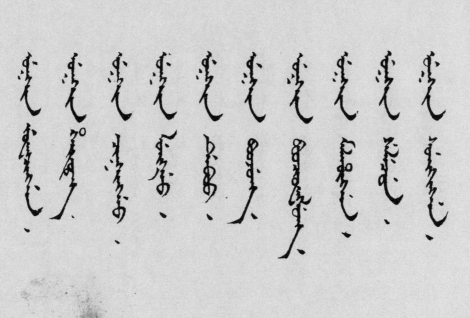

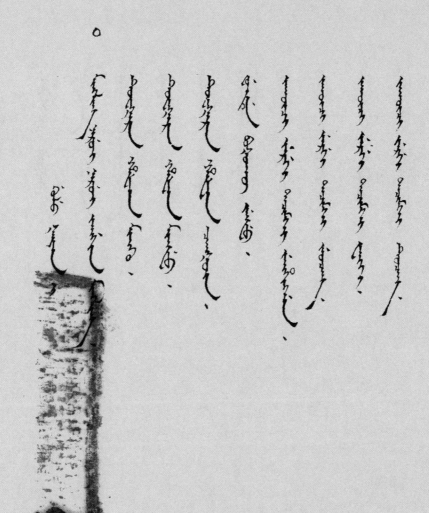

清代黑龙江户口档案选编·鄂伦春索伦达呼尔贡貂牲丁册 **光绪朝**

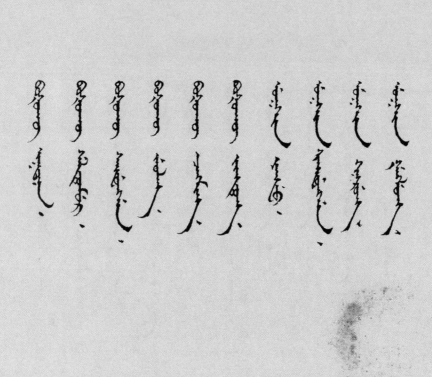

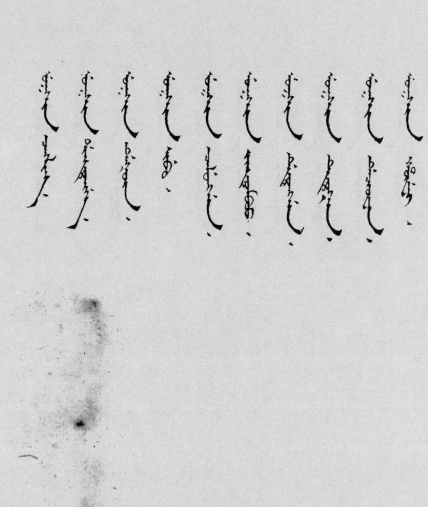

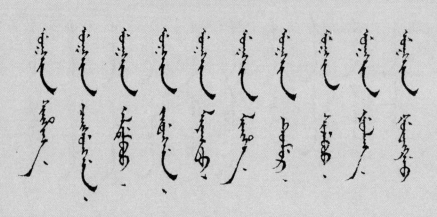

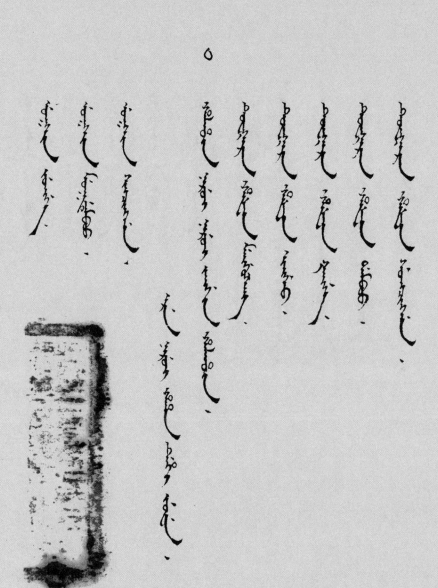

ᠳᠠᠷᡠᡤ᠎ᠠ
ᠪᠣᠯᠠᠨ
ᡴᡠᠪᠴᠠᠨ
ᠪᠠᠨᠵᡳᠨ
ᠮᠠᠩᡤᠠᠨ
ᠪᠣᠯᠠᠨ
ᠨᠠᠳᠠᠨ

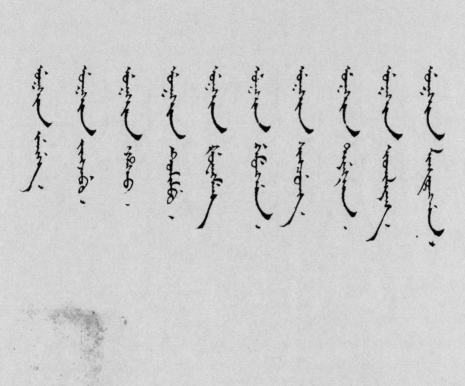

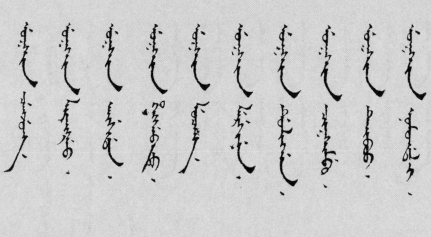

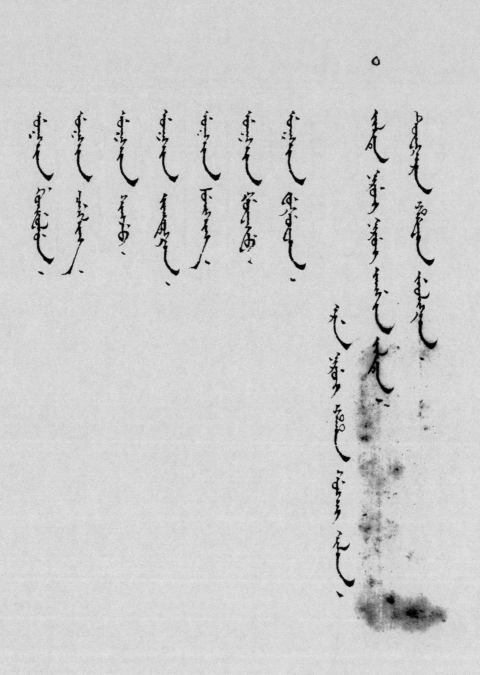

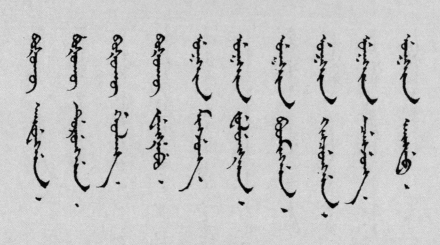

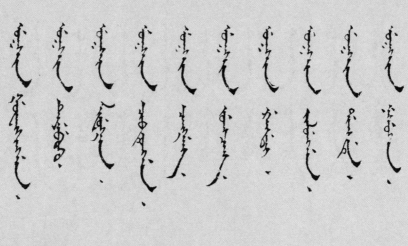

清代黑龙江户口档案选编·鄂伦春索伦达呼尔贡貂牲丁册 光绪朝

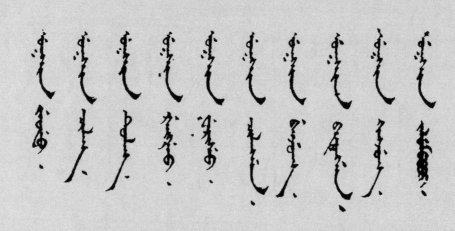

ᠪᠠᠶᠠᠨ
ᠪᠠᠨ
ᠪᠠᠨᠵᠠ

ᠮᠠᠨᠵᠠ

ᠪᠣᠷᠵᠠ
ᠮᠠᠨᠵᠠ

ᠪᠠᠨᠵᠠ
ᠮᠠᠨ

ᠮᠠᠨᠵᠠᠨ
ᠮᠠᠨᠵᠠ

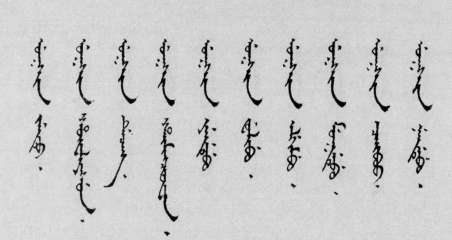

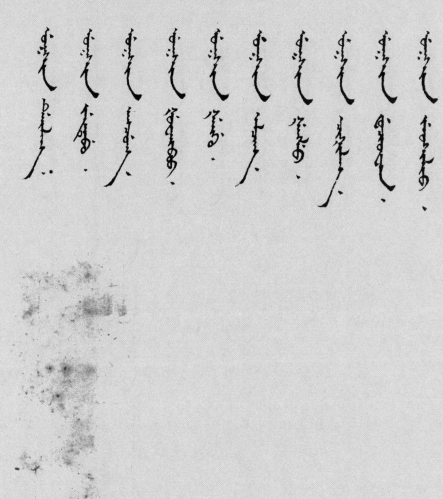

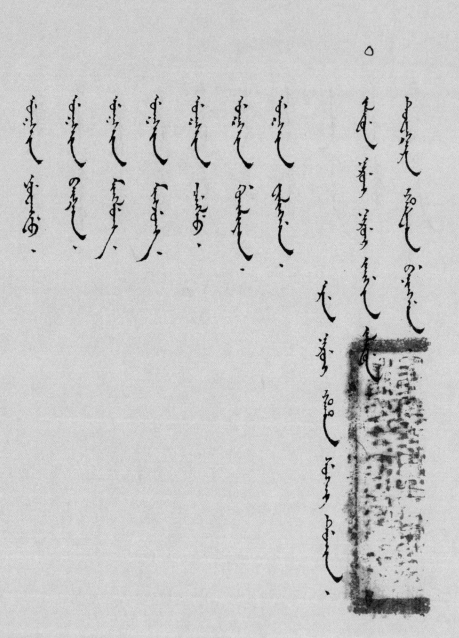

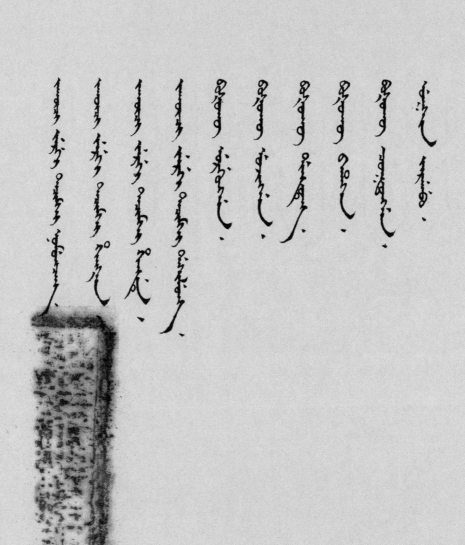

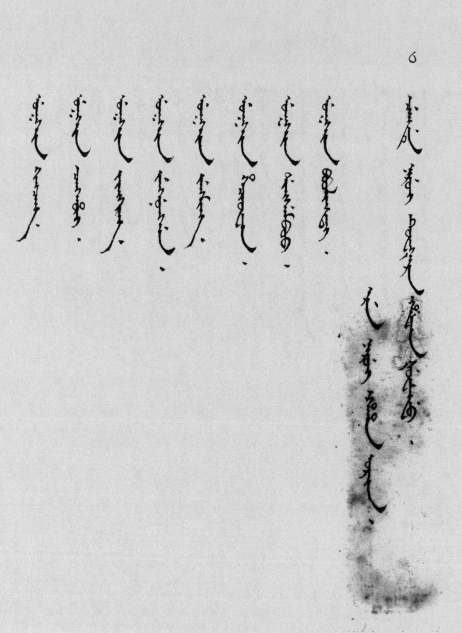

ᠪᠠᠷᠠᠭᠤᠨ
ᠵᠠᠯᠠᠨ

ᠵᠠᠯᠠᠨ

ᠵᠠᠯᠠᠨ

ᠵᠠᠯᠠᠨ

ᠵᠠᠯᠠᠨ

ᠵᠠᠯᠠᠨ

ᠵᠠᠯᠠᠨ

ᠵᠠᠯᠠᠨ

ᠵᠠᠯᠠᠨ

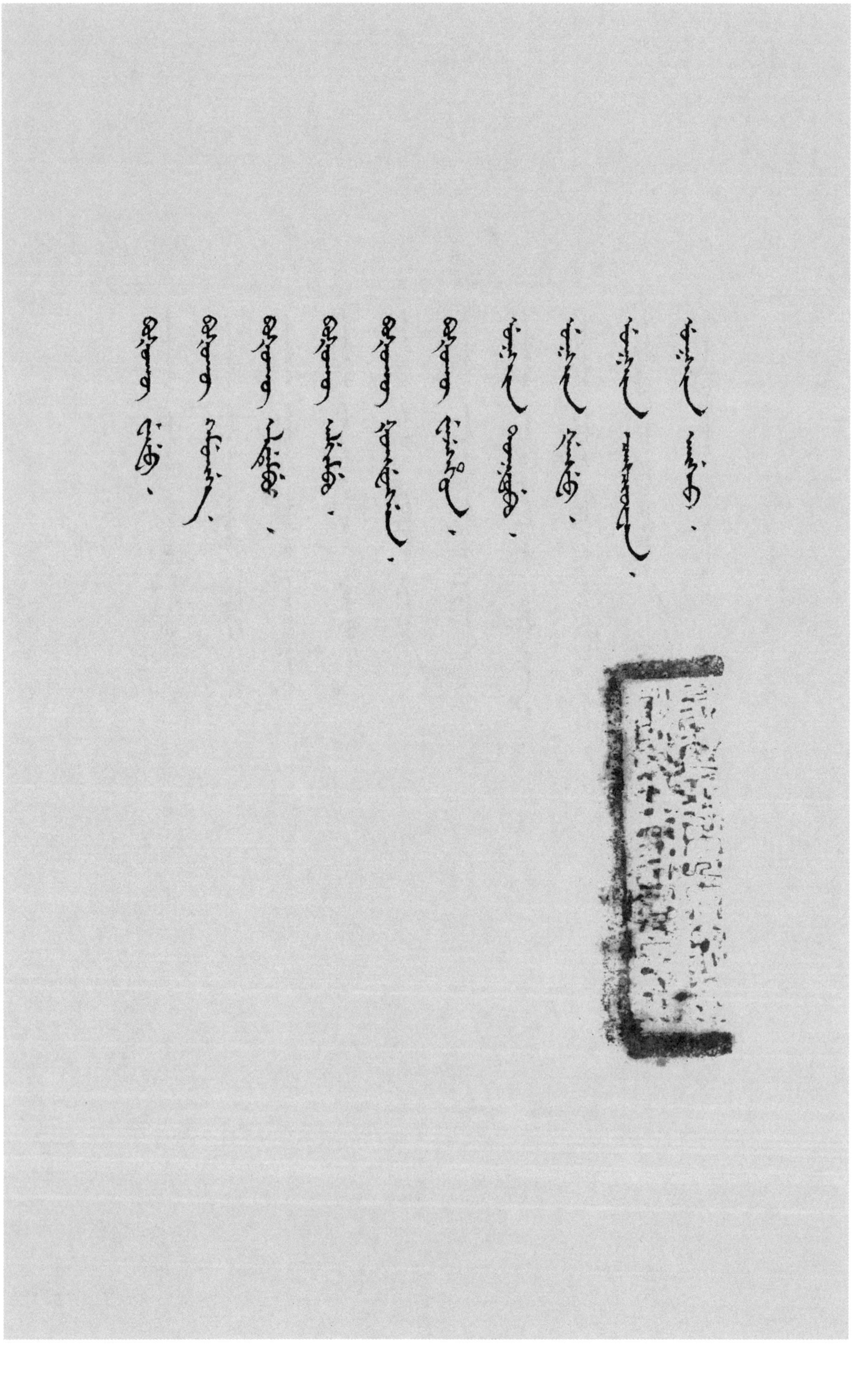

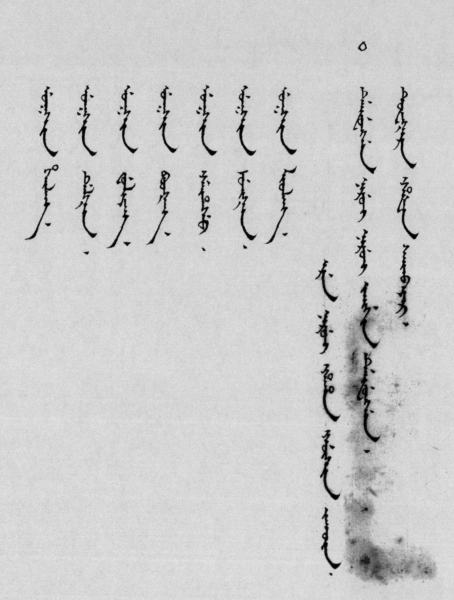

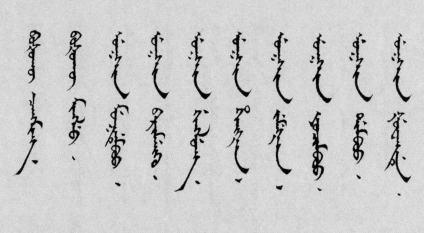

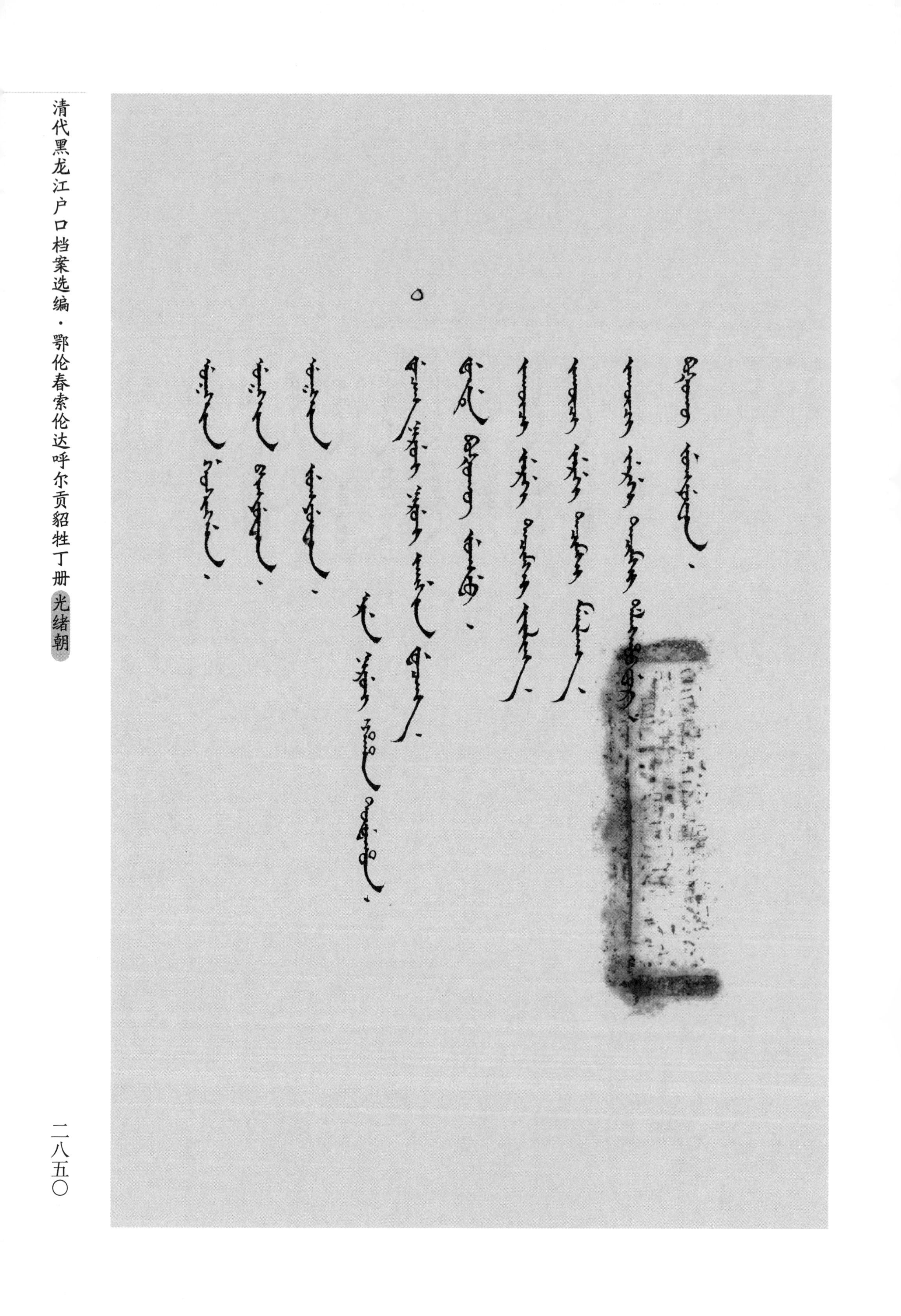

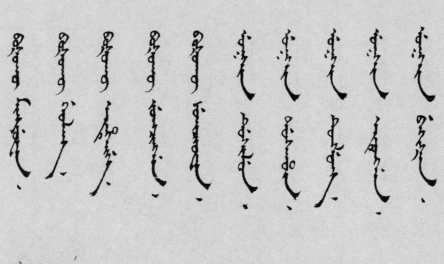

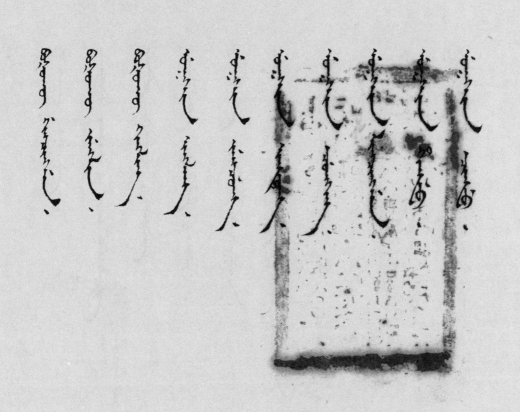

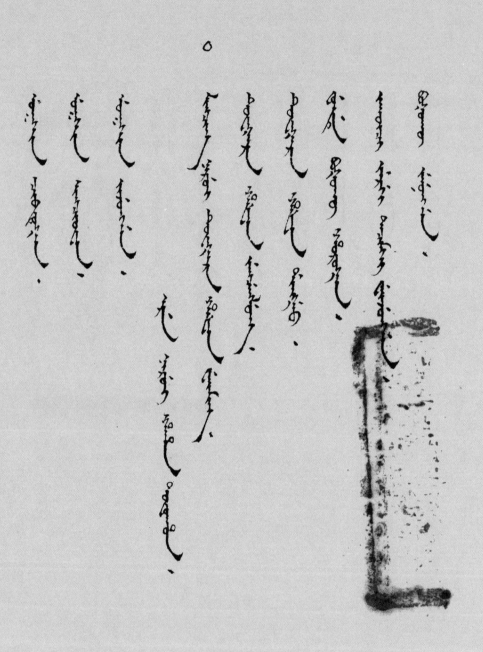

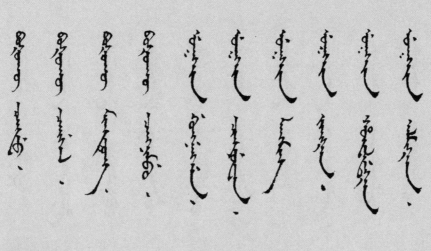

清代黑龙江户口档案选编·鄂伦春索伦达呼尔贡貂牲丁册 光绪朝

ᠮᠣᠩᡤᠣ

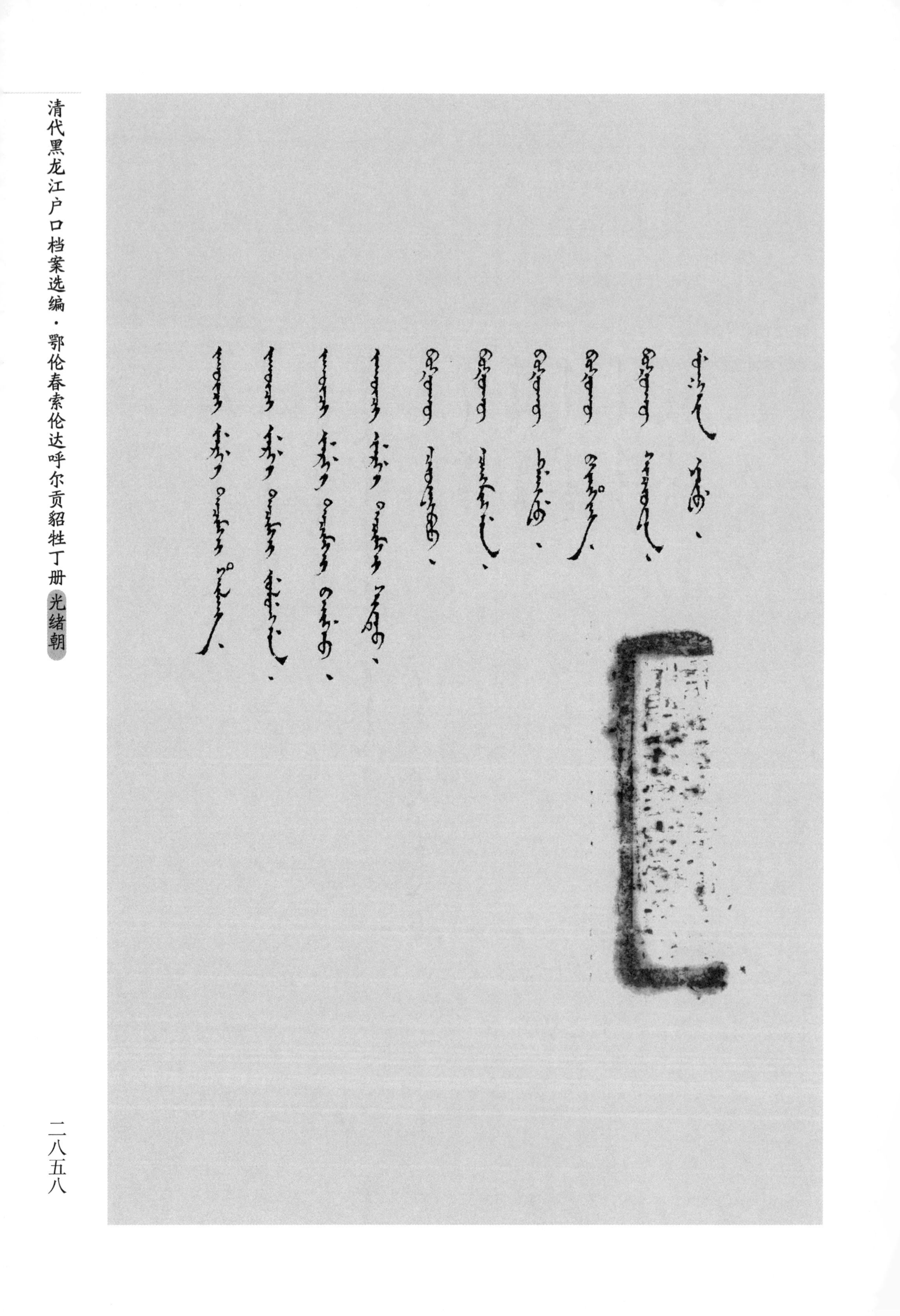

清代黑龙江户口档案选编·鄂伦春索伦达呼尔贡貂牲丁册 光绪朝

ᠣ

ᠵᡝ᠋
ᠨᡳᠨᡤᡝ᠋

ᠵᡝ᠋
ᠨᡳᠨᡤᡝ᠋

ᠵᡝ᠋
ᠨᡳᠨᡤᡝ᠋

ᠵᡝ᠋
ᠨᡳᠨᡤᡝ᠋

ᠵᡝ᠋
ᠨᡳᠨᡤᡝ᠋

ᠵᡝ᠋
ᠨᡳᠨᡤᡝ᠋

ᠵᡝ᠋
ᠨᡳᠨᡤᡝ᠋

ᠵᡝ᠋
ᠨᡳᠨᡤᡝ᠋

ᠵᡝ᠋
ᠨᡳᠨᡤᡝ᠋

ᠪᠣᠣ ᠮᠠᠨᠵᡠ
ᠮᠠᠨᠵᡠ
ᠮᠠᠨᠵᡠ
ᠮᠠᠨᠵᡠ
ᠮᠠᠨᠵᡠ
ᠮᠠᠨᠵᡠ
ᠮᠠᠨᠵᡠ
ᠮᠠᠨᠵᡠ
ᠮᠠᠨᠵᡠ
ᠮᠠᠨᠵᡠ

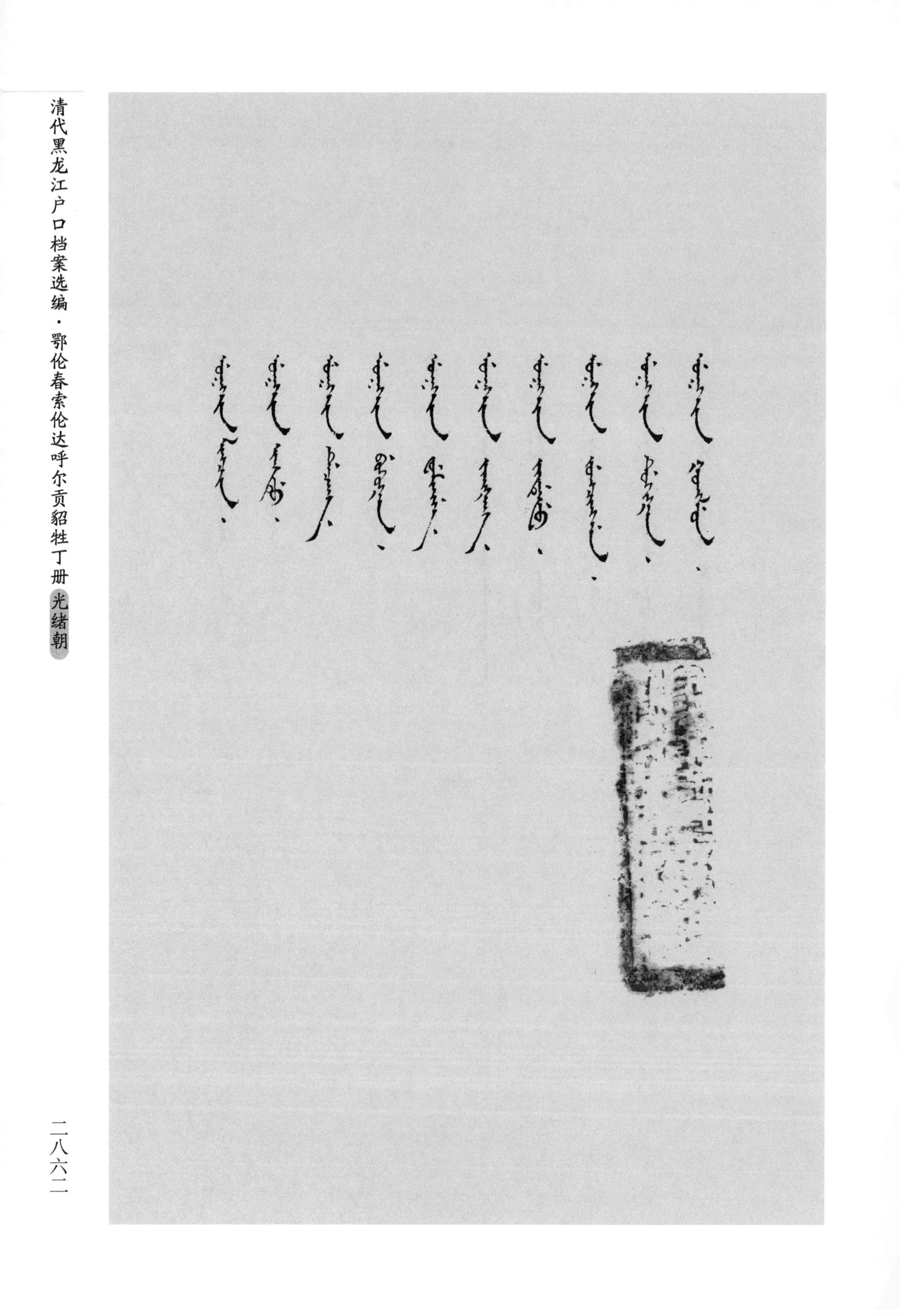

ᠪᠠᠶᠠᠷ
ᡝᠯᡝ
ᡝᠮᡠ

清代黑龙江户口档案选编·鄂伦春索伦达呼尔贡貂牲丁册 光绪朝

ᡝᠮᡠ ᡝᠮᡠ ᡝᠮᡠ ᡝᠮᡠ ᡝᠮᡠ ᡝᠮᡠ ᡝᠮᡠ ᡝᠮᡠ ᡝᠮᡠ ᡝᠮᡠ ᡝᠮᡠ

ᠪᠠᠶᠠ
ᠪᠠᠶᠠ
ᠪᠠᠶᠠ
ᠪᠠᠶᠠ
ᠪᠠᠶᠠ
ᠪᠠᠶᠠ
ᠪᠠᠶᠠ
ᠪᠠᠶᠠ
ᠪᠠᠶᠠ
ᠪᠠᠶᠠ

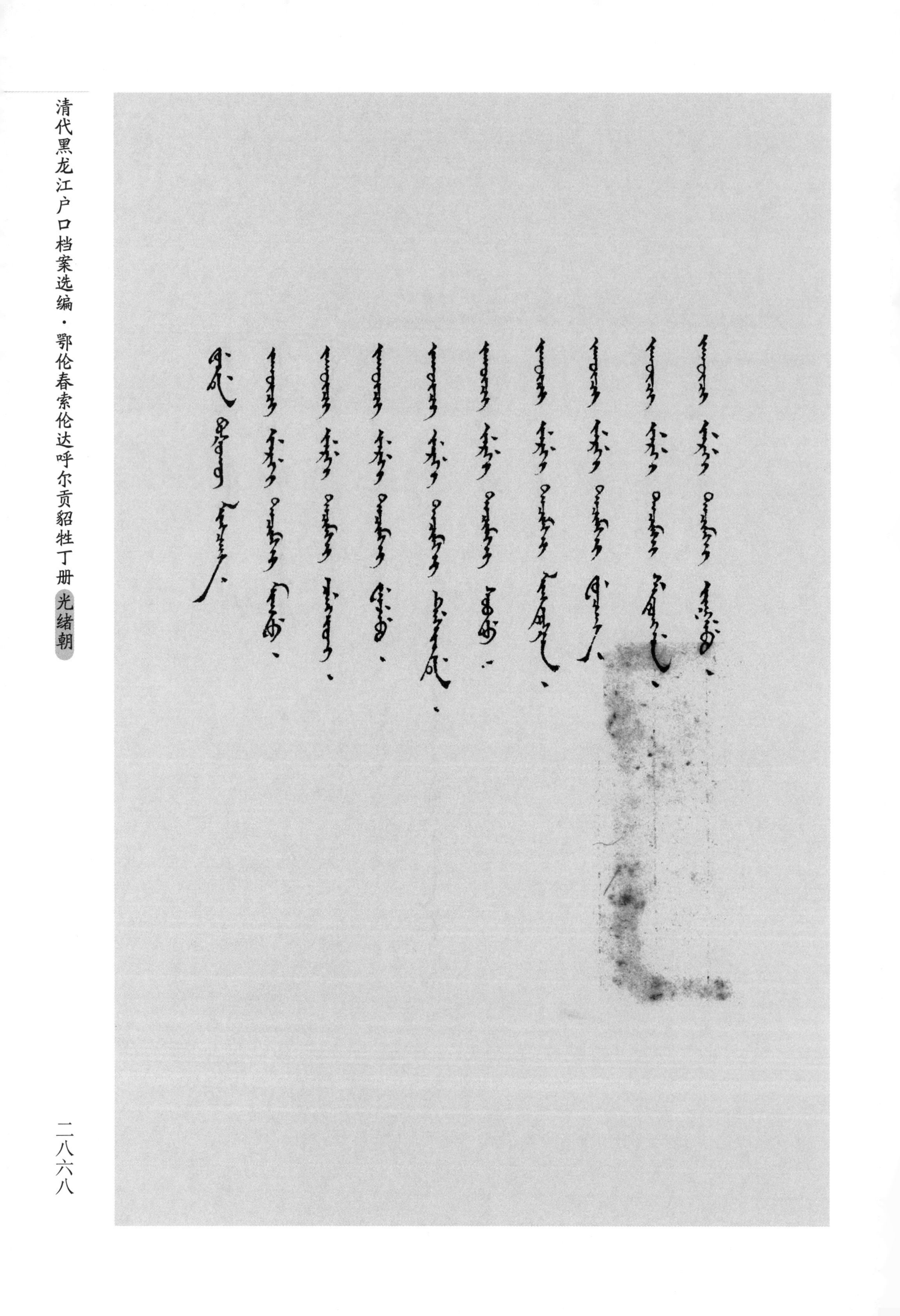

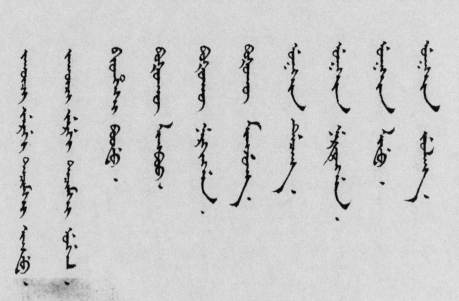

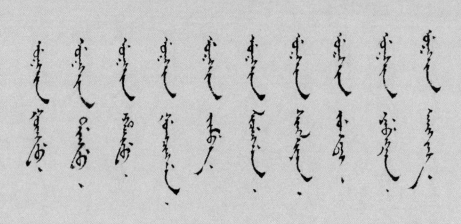

清代黑龙江户口档案选编·鄂伦春索伦达呼尔贡貂牲丁册 光绪朝

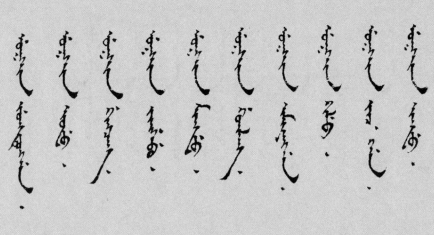

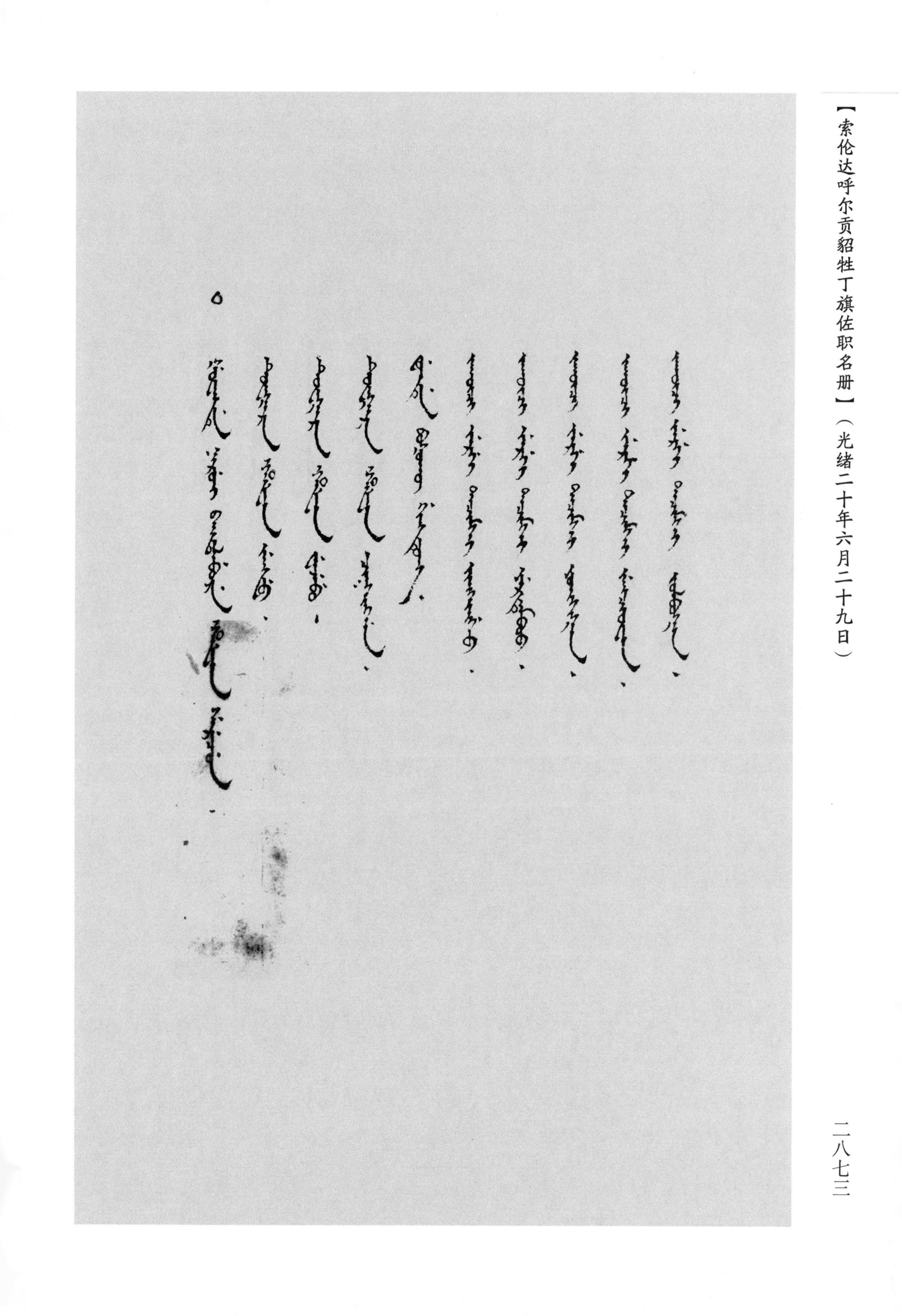

ᠠ

ᠮᠠᠨᠵᡠ
ᠪᡳᠴᡳᡤᡝ

ᠰᡠᠯᠠ
ᠰᡠᠯᠠ
ᠰᡠᠯᠠ
ᠰᡠᠯᠠ
ᠰᡠᠯᠠ
ᠰᡠᠯᠠ
ᠰᡠᠯᠠ
ᠰᡠᠯᠠ
ᠰᡠᠯᠠ
ᠰᡠᠯᠠ

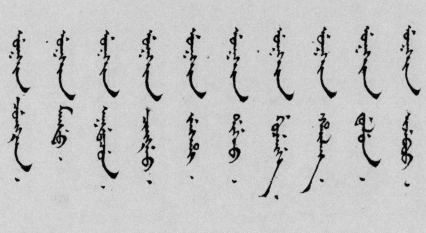

清代黑龙江户口档案选编·鄂伦春索伦达呼尔贡貂牲丁册 光绪朝

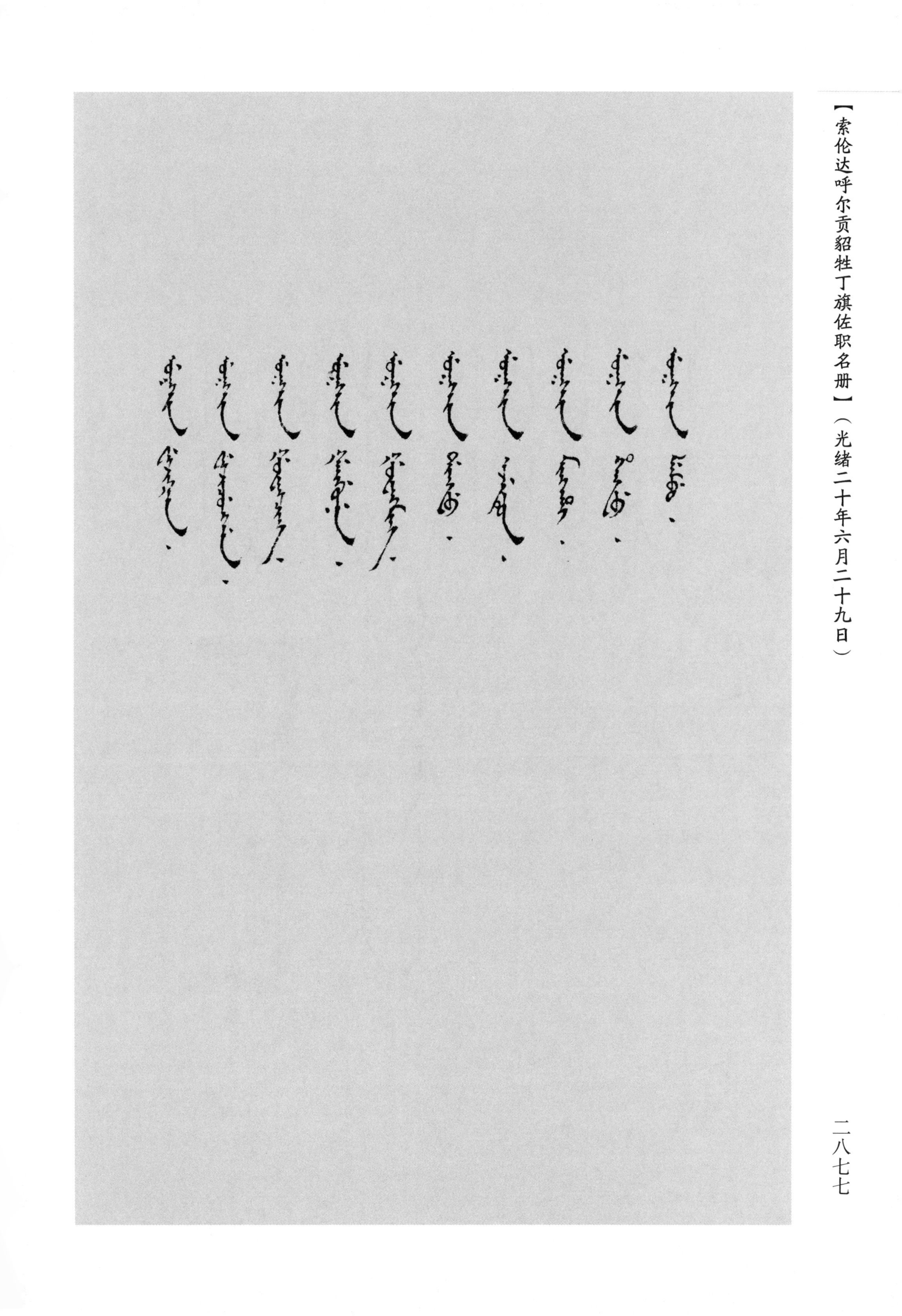

ᠰᠣᠯᠣᠨ

清代黑龙江户口档案选编·鄂伦春索伦达呼尔贡貂牲丁册 光绪朝

ᠮᡠᡴᡡᠨ
ᡳ
ᠪᡳᡨᡥᡝᠮᠪᡳ᠈

ᡥᠠᠯᠠ
ᡳ
ᡩᠠ
ᠵᠠᠩᡤᡳᠨ
᠈

ᠮᡠᡴᡡᠨ
ᡳ
ᡩᠠ
ᡳᠯᠠᡴᠰᠠᠨ
᠈

ᠮᠠᡶᠠ
ᠨᡳᡵᡠᡳ
ᡶᡝᠵᡝᡵᡤᡳ
ᠪᠠᠮᠪᡳ

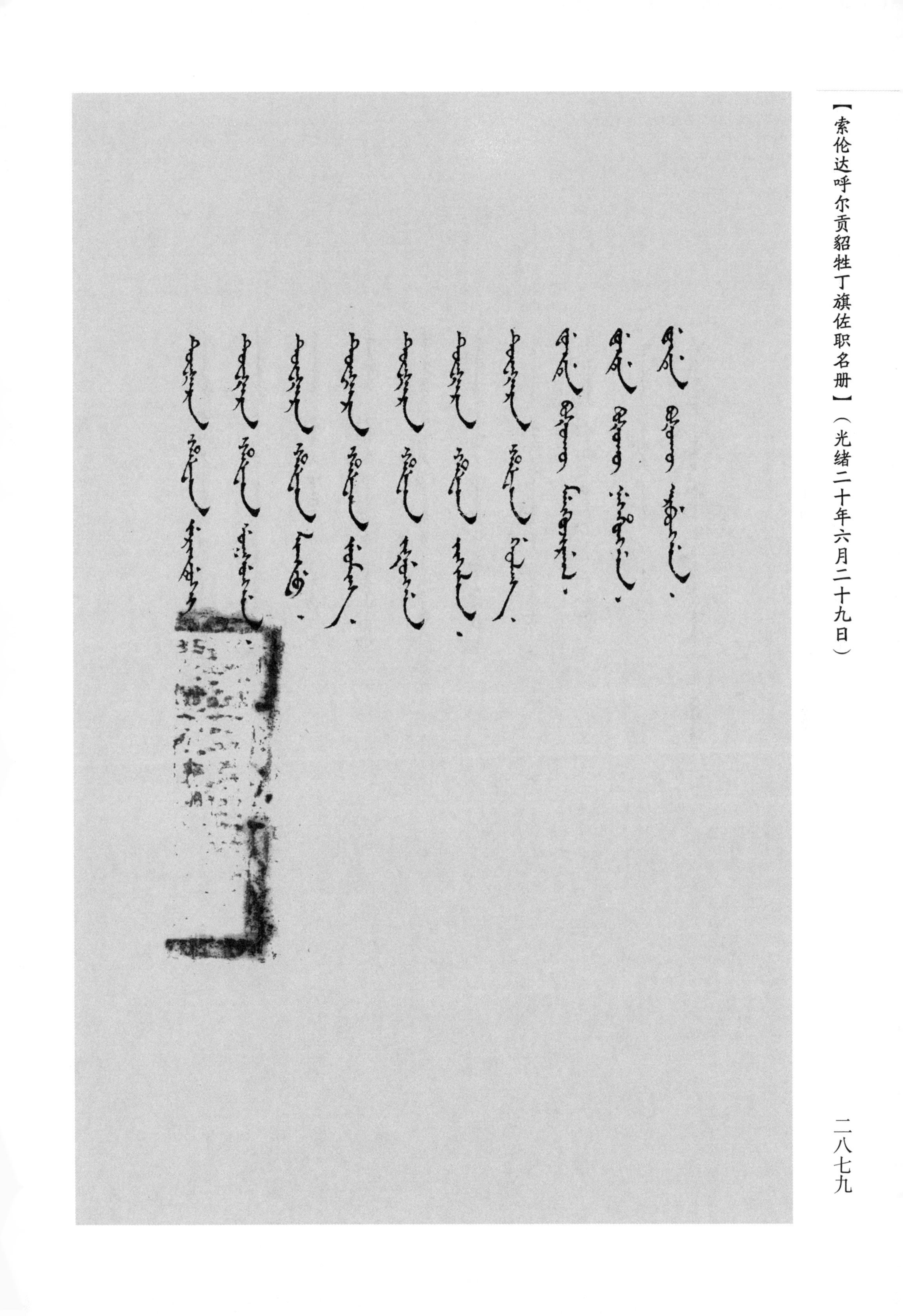

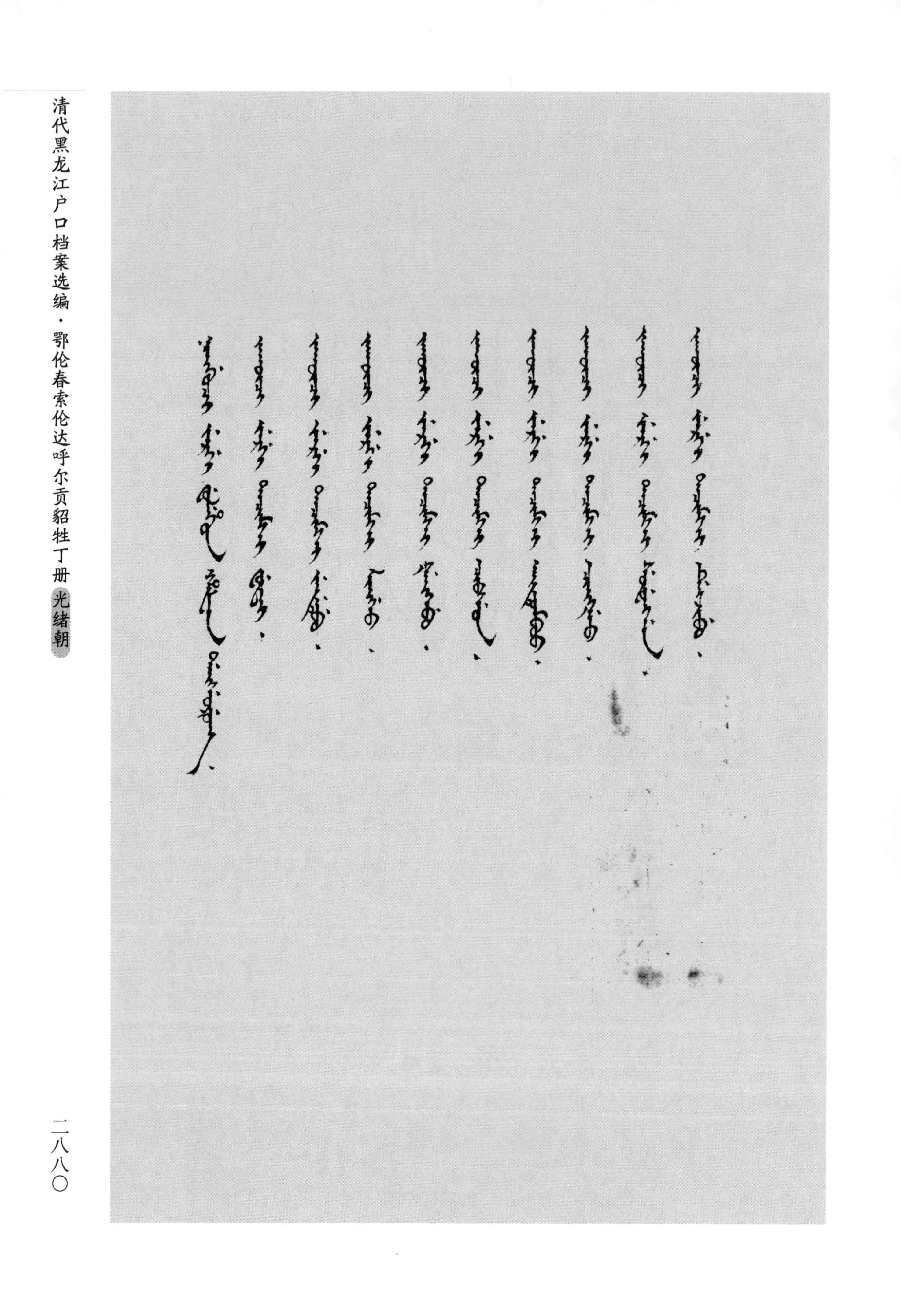

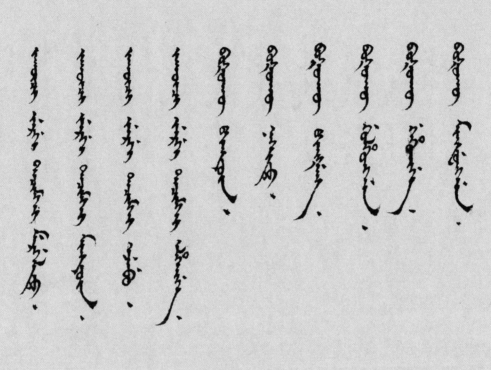

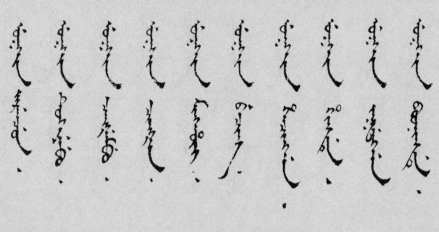

ᠰᠣᠯᠣᠨ

ᠵᠣ᠋
ᡳᠨ

ᠵᠠᠯᠠᠨ

ᠪᠠᡵᠠᠨ

ᠮᠠᠩᡤᠠ

ᡥᠣᠩᡤᠣ

ᠪᠠᠶᠠᠨ

ᠵᠠᠩᡤᡳᠨ

ᠪᠣᠱᠣᡴᡡ

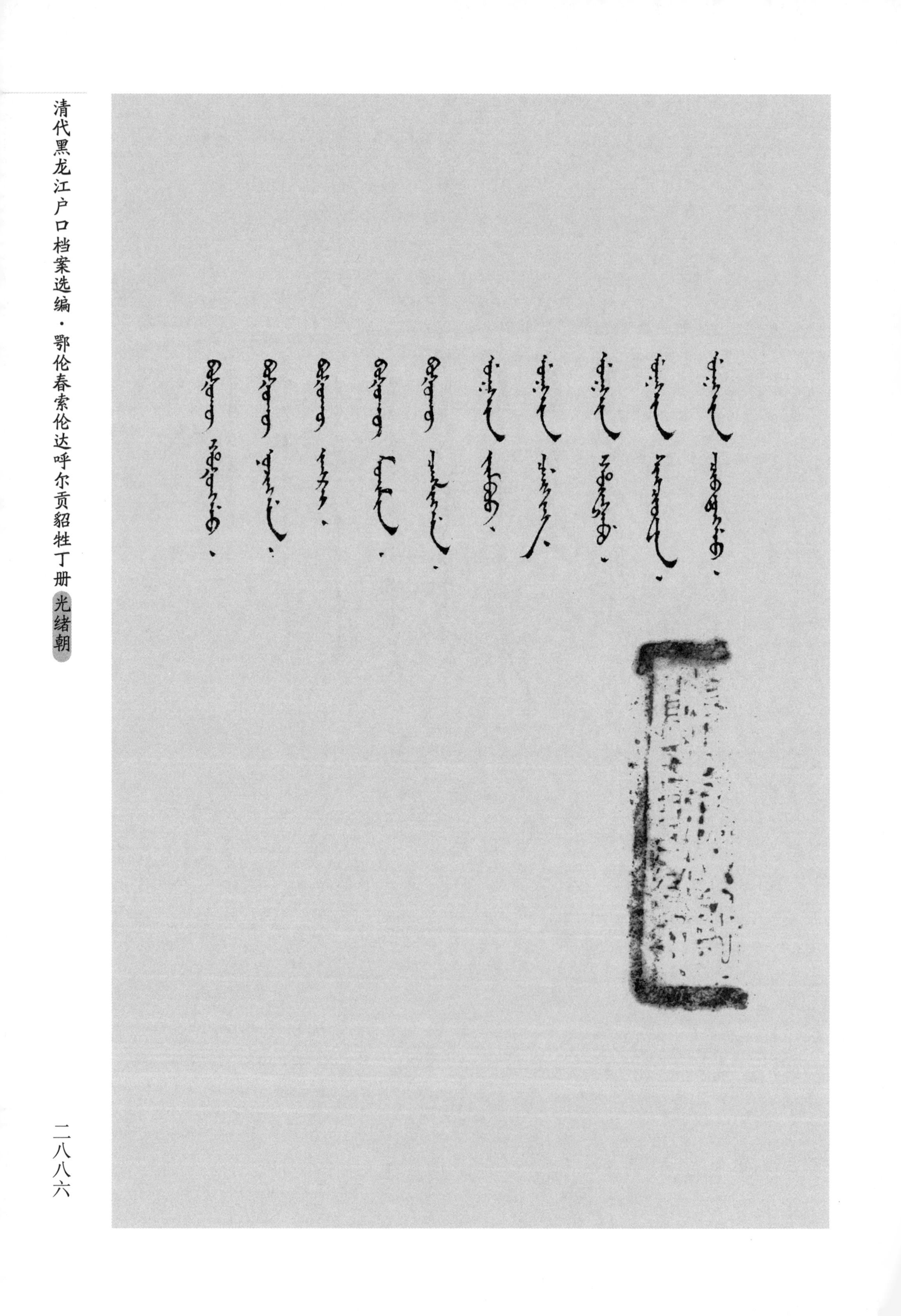

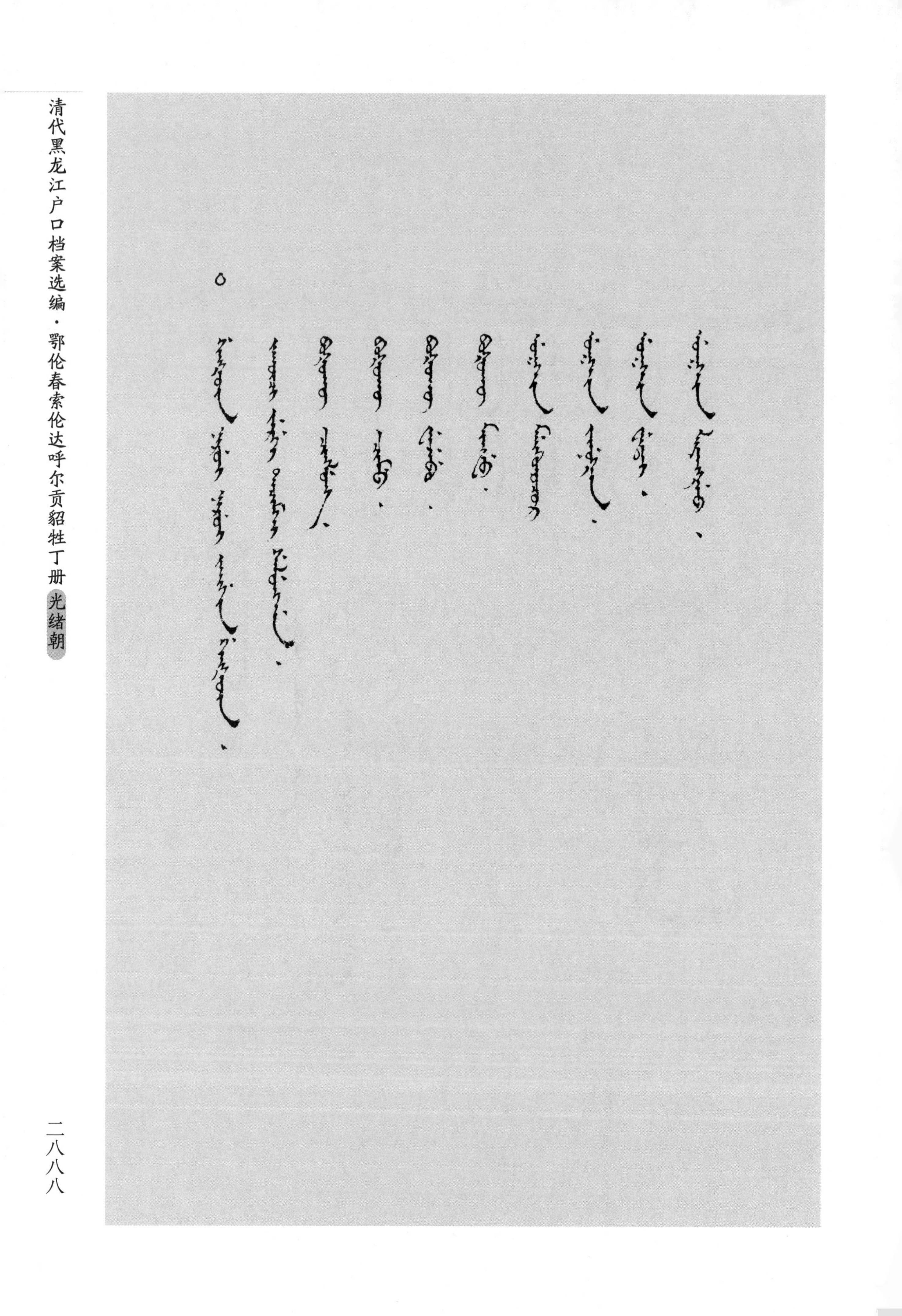

ᠮᠠᠩᡤᠠ

ᠮᠠᠩᡤᠠ ᠰᠠᡳᠨ᠂

ᠮᠠᠨᠵᡠ ᠰᠠᡳᠨ᠂

ᠪᠠᠶᠠᠨ᠂

ᠪᠠᠶᠠᠨ ᠠᠮᠪᠠ᠂

ᠪᠠᠶᠠᠨ ᠰᠠᡳᠨ

ᠰᠠᡳᠨ ᠠᠮᠪᠠ ᠰᠠᡳᠨ᠃

清代黑龙江户口档案选编·鄂伦春索伦达呼尔贡貂牲丁册 光绪朝

ᡥᠣᠯᠪᠣᠨ᠈

ᡥᠣᠯᠪᠣᠨ᠈

ᠮᠣᠩᡤᠣᠨ᠈

ᡴᠣᠯᠠᠨ᠈

ᠮᠣᠩᡤᠣᠨ᠈

ᡴᠣᠯᠠᠨ᠈

ᠮᠣᠩᡤᠣᠨ᠈

ᡴᠣᠯᠠᠨ᠈

ᡥᠣᠯᠪᠣᠨ᠈

ᠮᠣᠩᡤᠣᠨ᠈

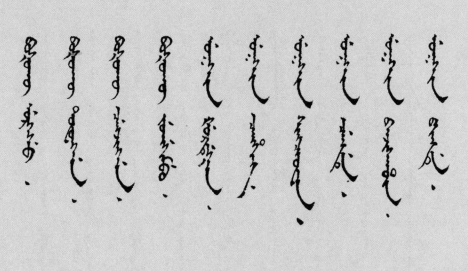

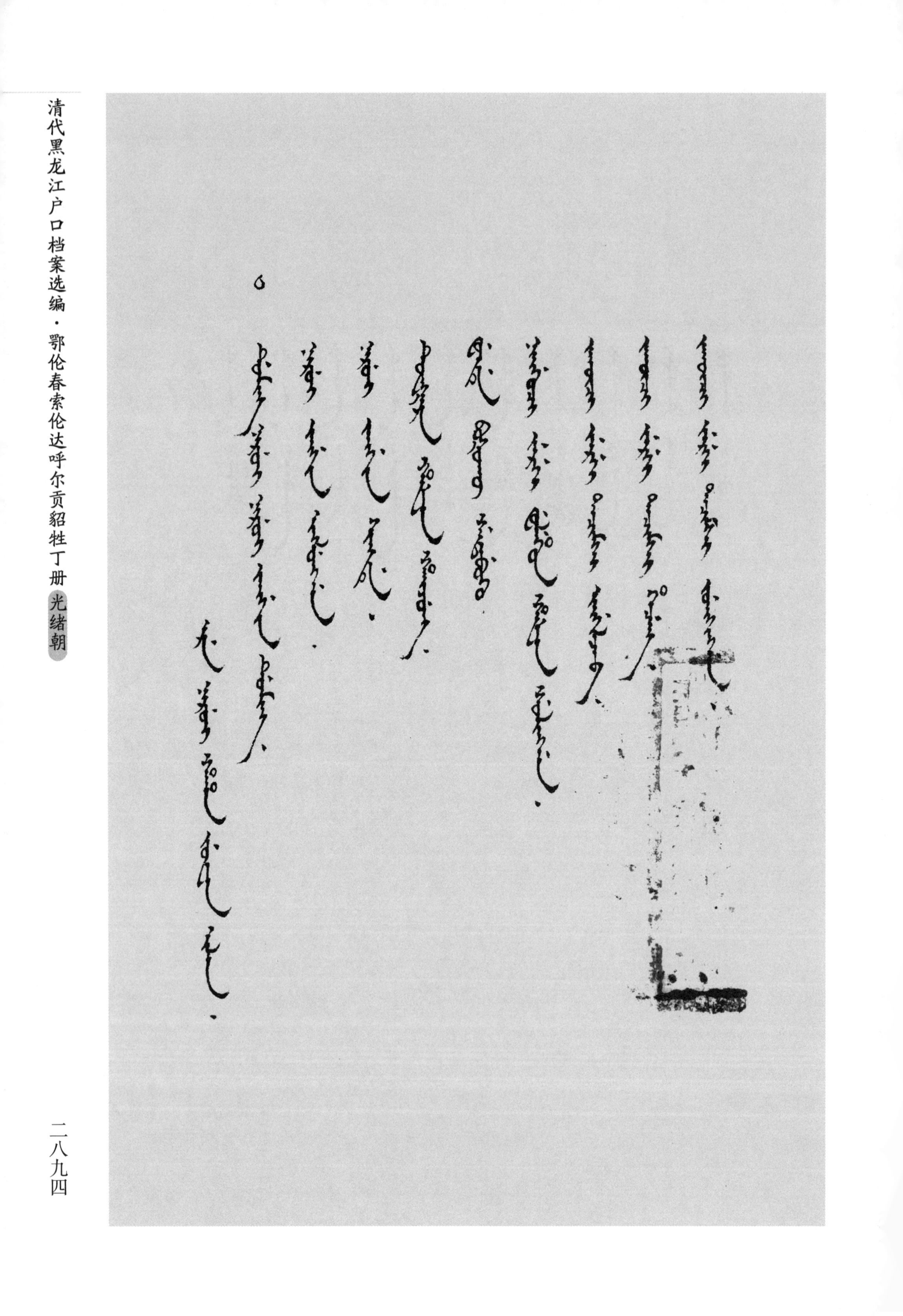

ᠵᠠᡴᡡᠨ

ᠪᠣᠣᡳ
ᠵᠠᡴᡡᠨ

ᠪᠣᠣᡳ
ᠵᠠᡴᡡᠨ

ᠪᠣᠣᡳ
ᠵᠠᡴᡡᠨ

ᠪᠣᠣᡳ
ᠵᠠᡴᡡᠨ

ᠪᠣᠣᡳ
ᠵᠠᡴᡡᠨ

ᠪᠣᠣᡳ
ᠵᠠᡴᡡᠨ

ᠪᠣᠣᡳ
ᠵᠠᡴᡡᠨ

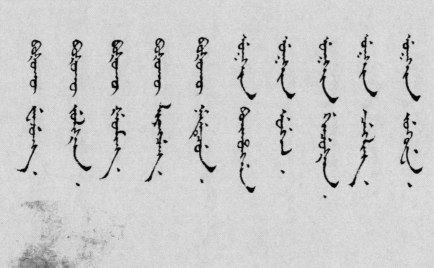

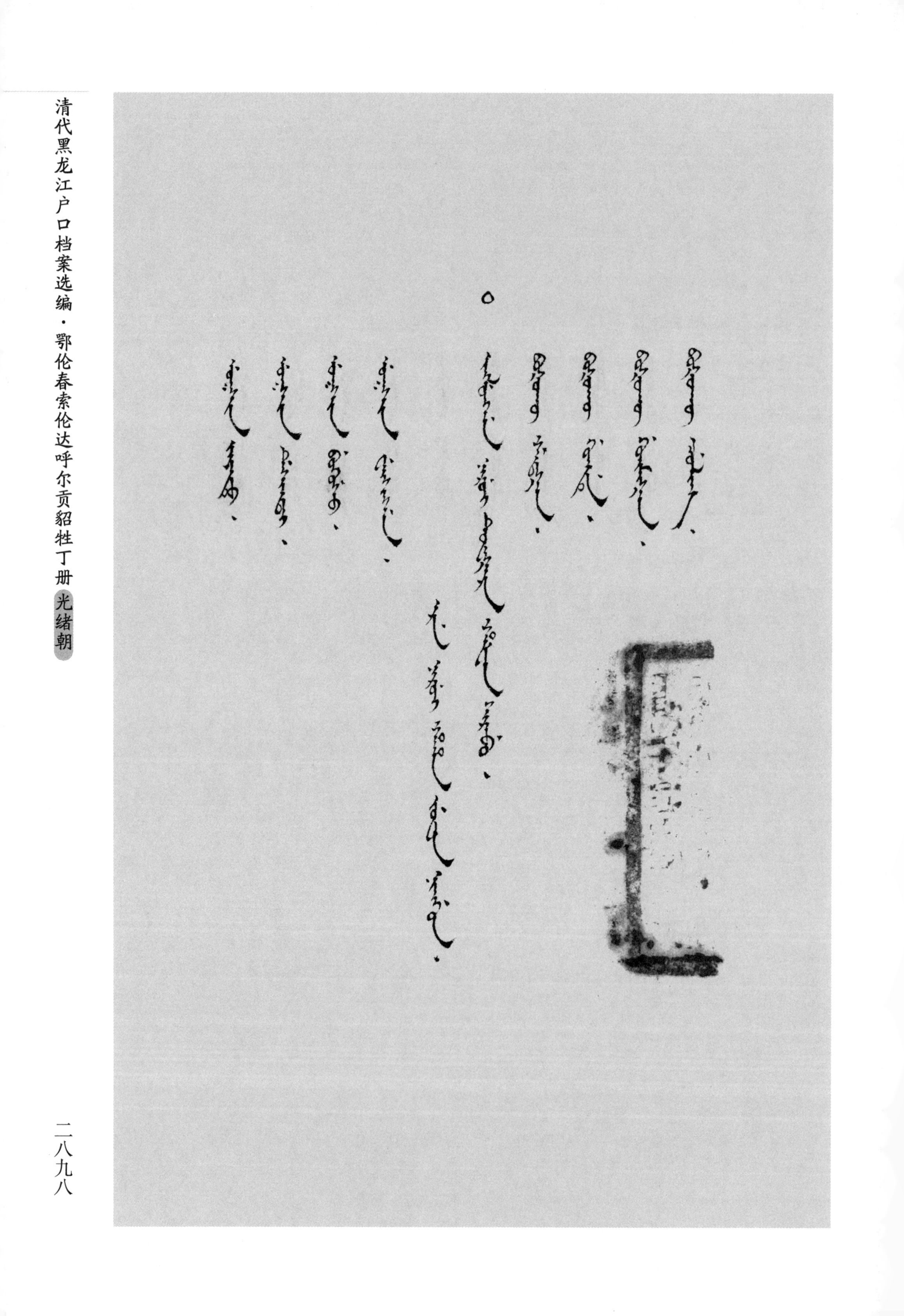

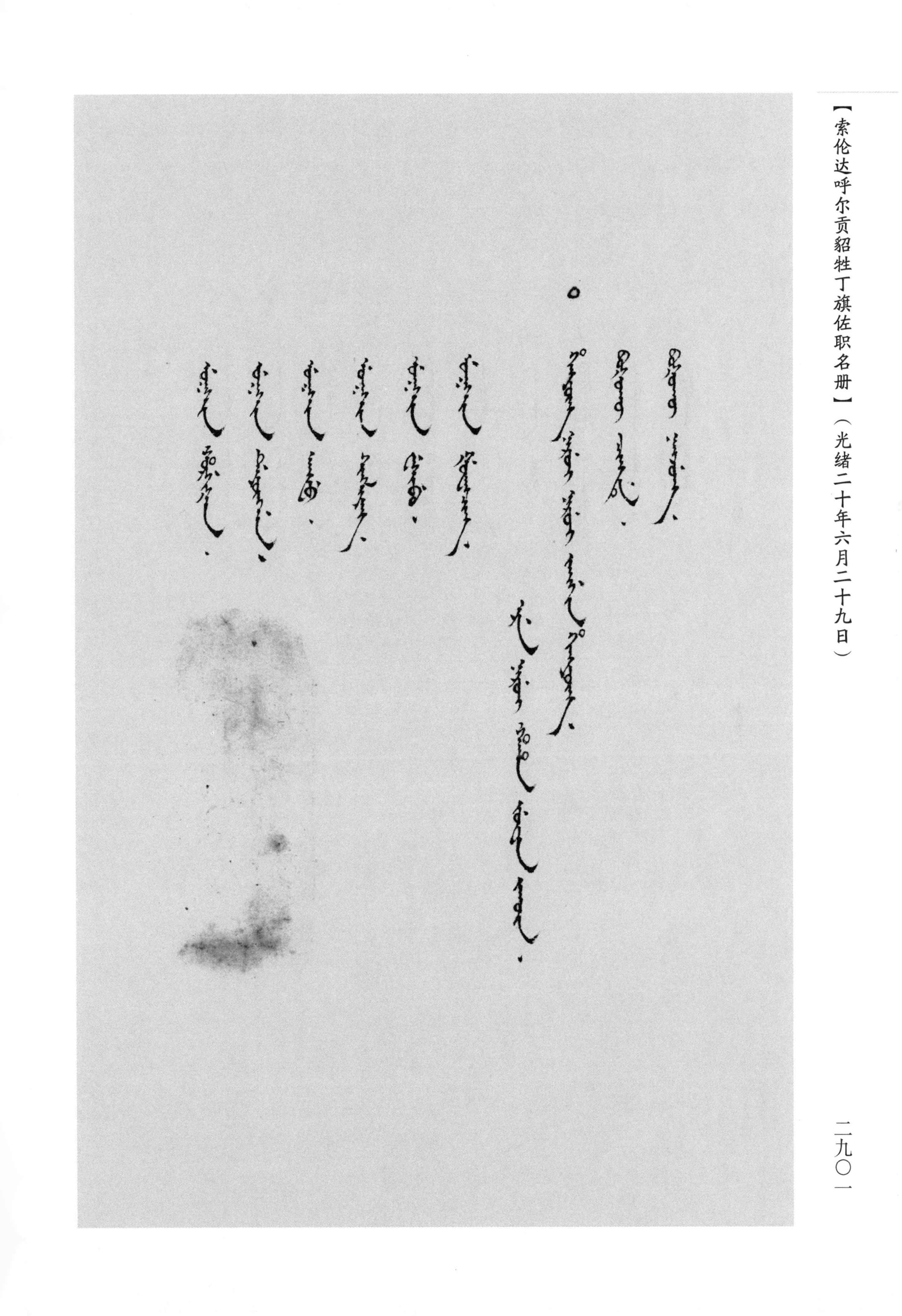

ᠪᠣᠣ
ᠪᠣᠣ
ᠪᠣᠣ
ᠪᠣᠣ
ᠪᠣᠣ
ᠪᠣᠣ
ᠪᠣᠣ
ᠪᠣᠣ

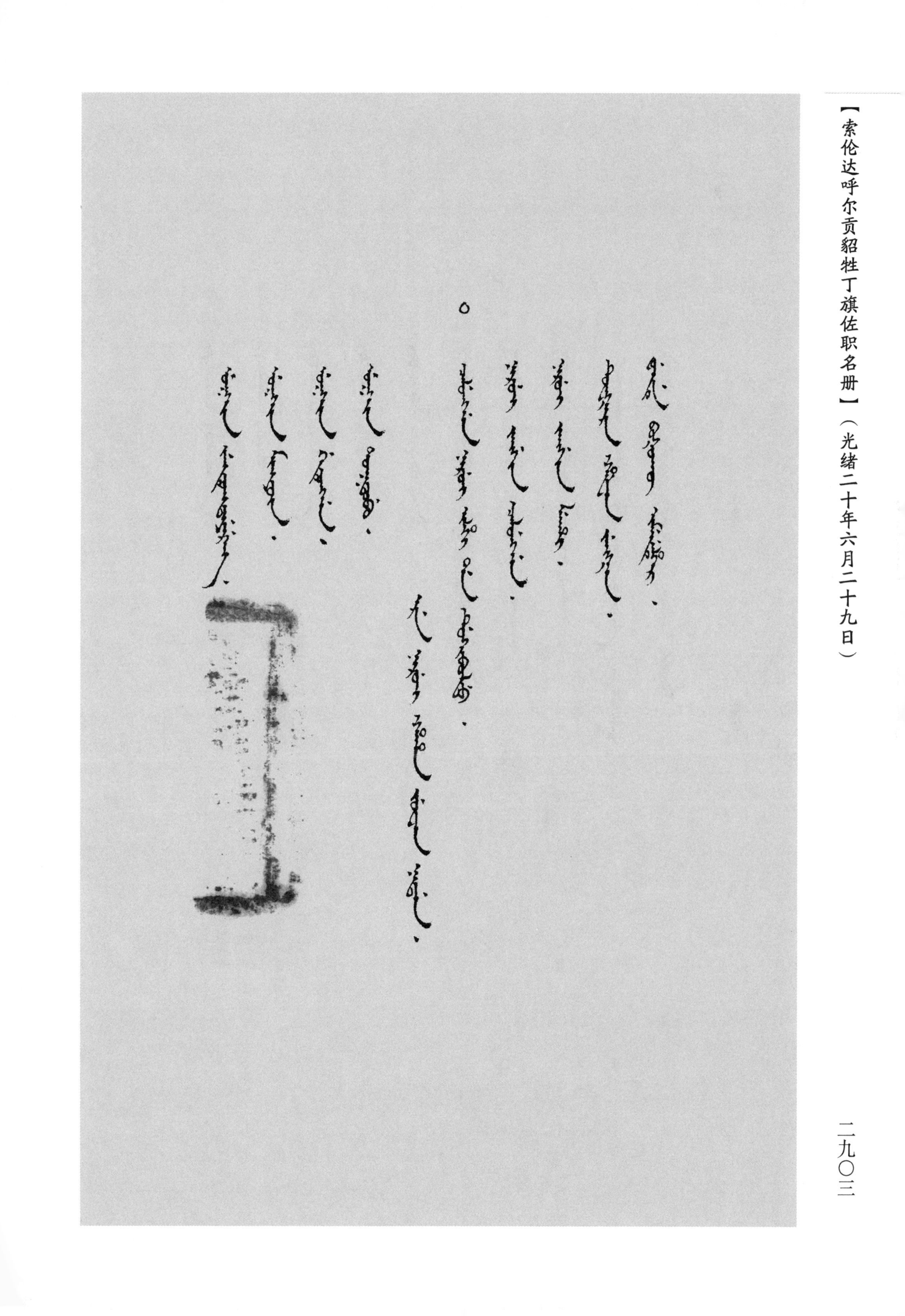

ᠣᠯᠠᠨ
ᠣᠯᠠᠨ
ᠣᠯᠠᠨ
ᠣᠯᠠᠨ
ᠣᠯᠠᠨ
ᠣᠯᠠᠨ
ᠣᠯᠠᠨ
ᠣᠯᠠᠨ
ᠣᠯᠠᠨ

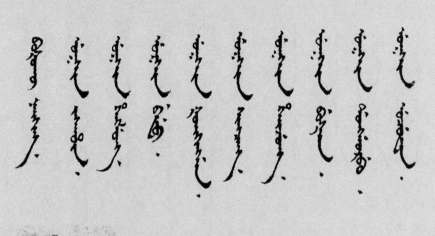

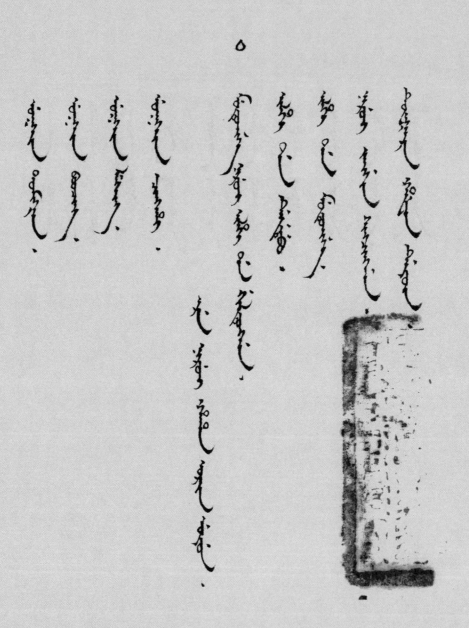

ᠣᡠᠯᠠᡳ
ᠣᡠᠯᠠᡳ
ᡝᡶᡠ
ᡝᡶᡠ
ᡝᡶᡠ
ᡝᡶᡠ
ᡝᡶᡠ
ᡝᡶᡠ
ᡝᡶᡠ
ᡝᡶᡠ

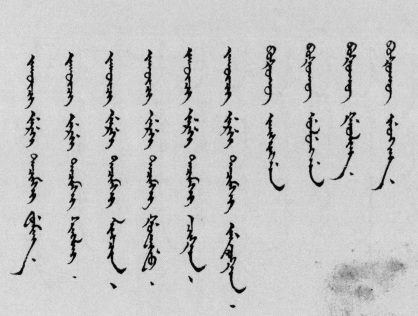

ᠪᠠ
ᠨ
ᠠ

ᠪᠠ
ᠨ
ᠠ

ᠪᠠ
ᠨ
ᠠ
ᠪᠠ
ᠨ

ᠪᠠ
ᠨ
ᠠ

ᠪᠠ
ᠨ
ᠠ

ᠪᠠ
ᠨ
ᠠ

ᠪᠠ
ᠨ
ᠠ

ᠪᠠ
ᠨ
ᠠ

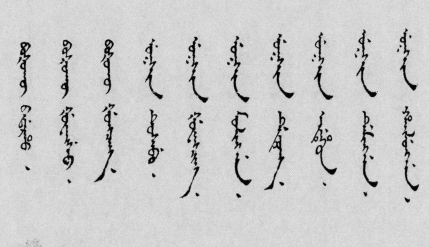

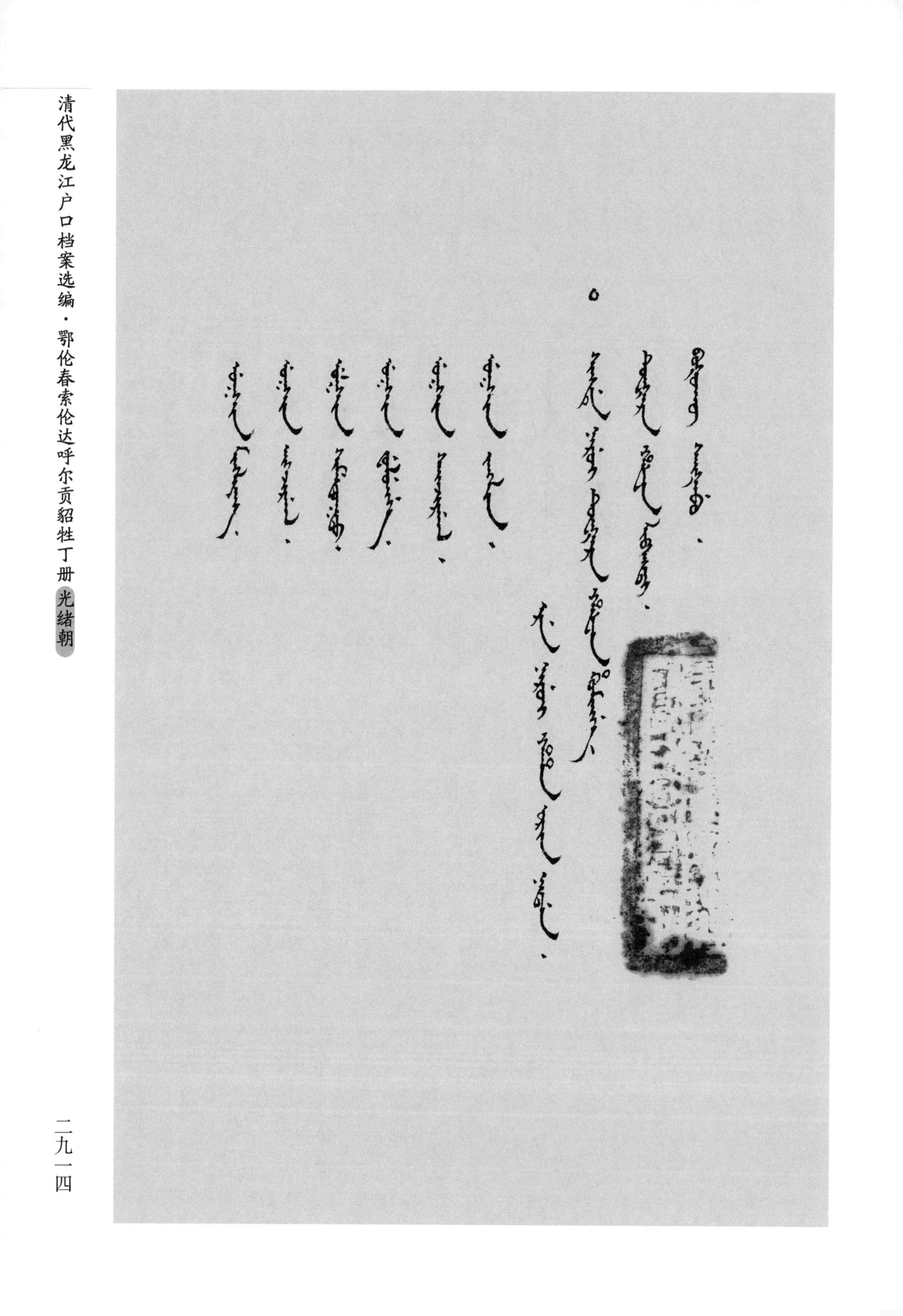

清代黑龙江户口档案选编·鄂伦春索伦达呼尔贡貂牲丁册 光绪朝

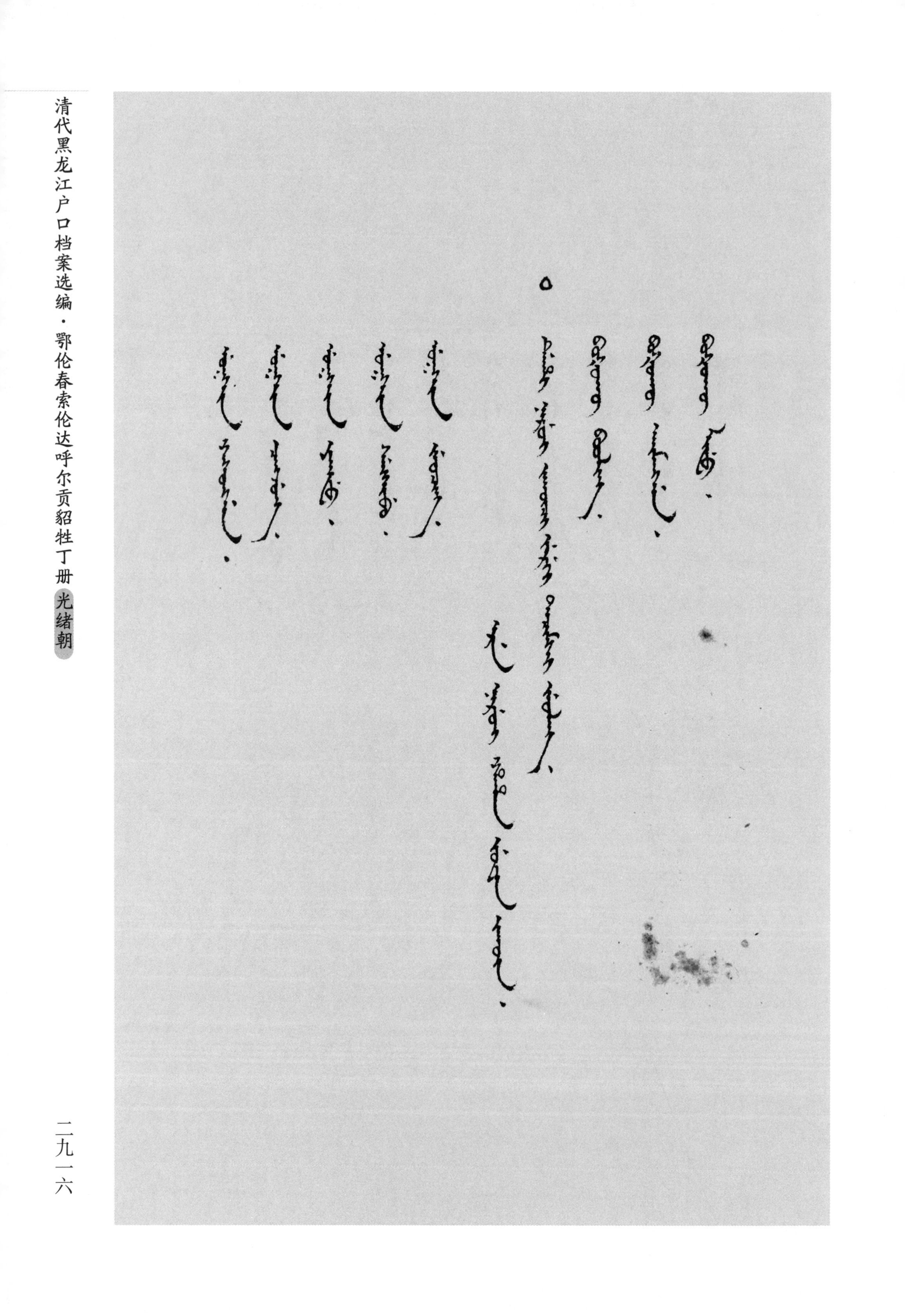

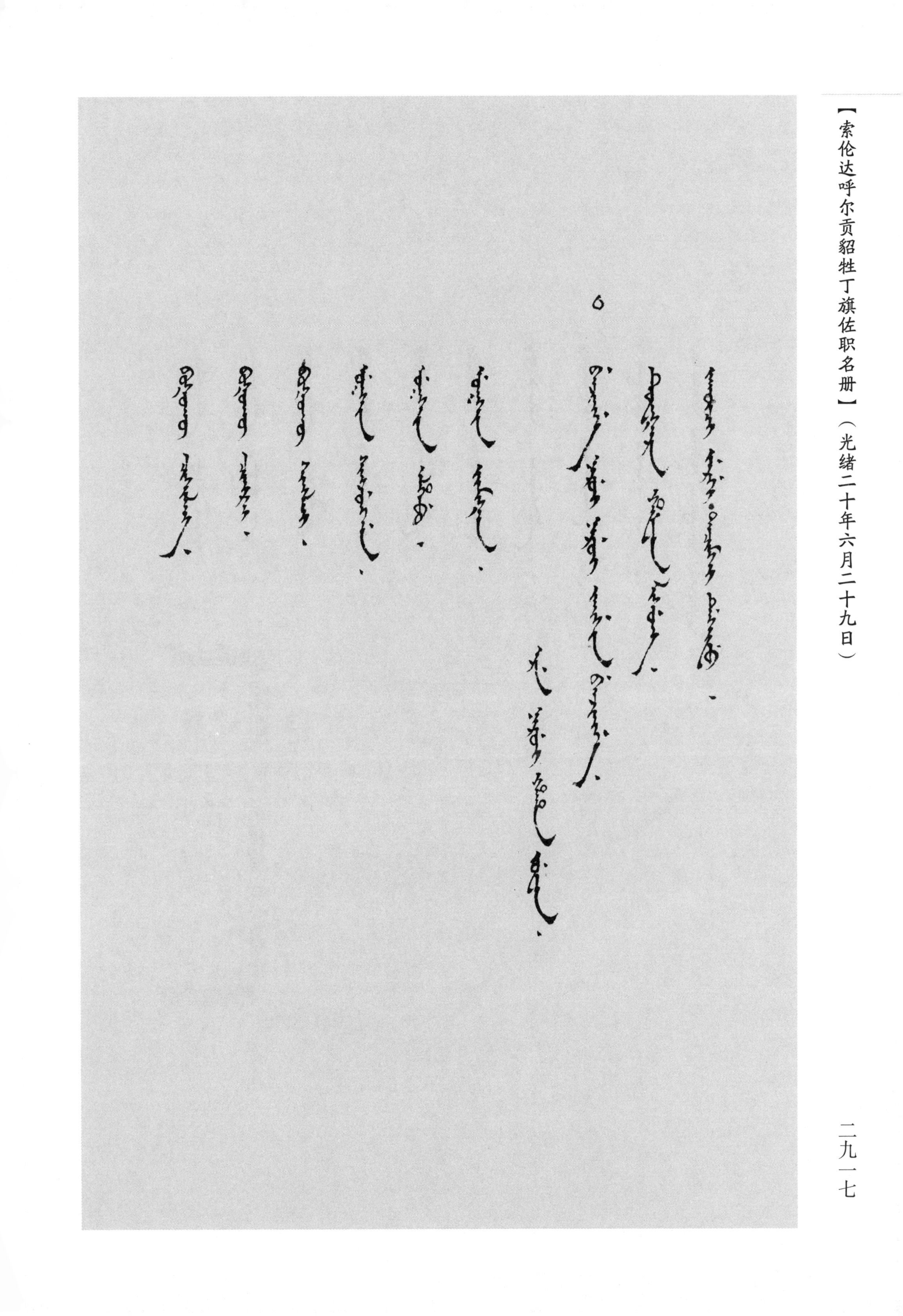

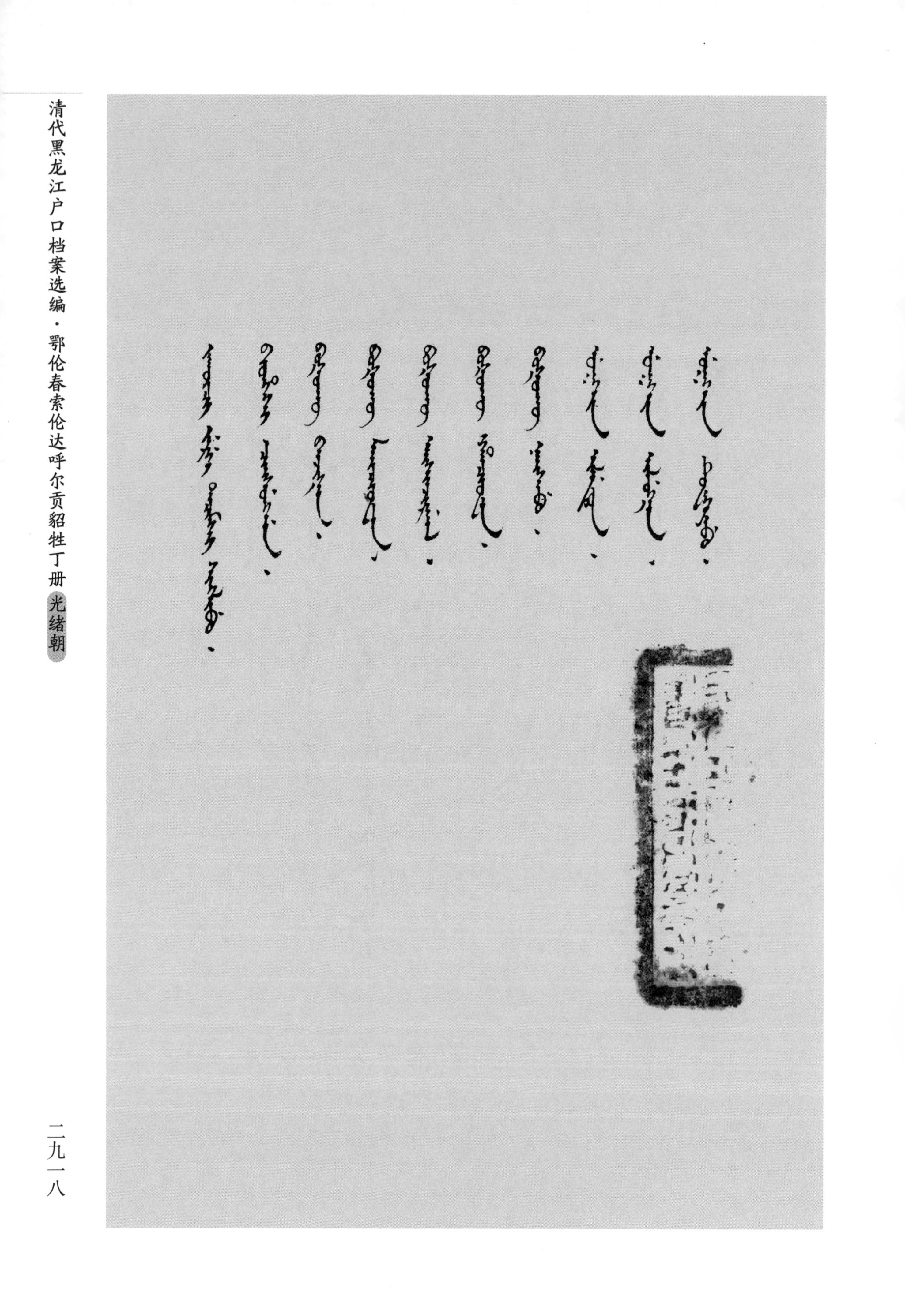

清代黑龙江户口档案选编·鄂伦春索伦达呼尔贡貂牲丁册 光绪朝

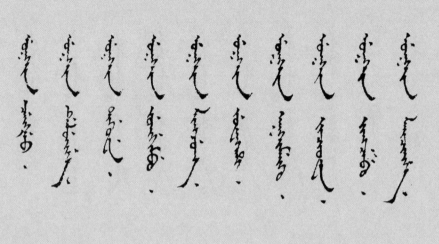

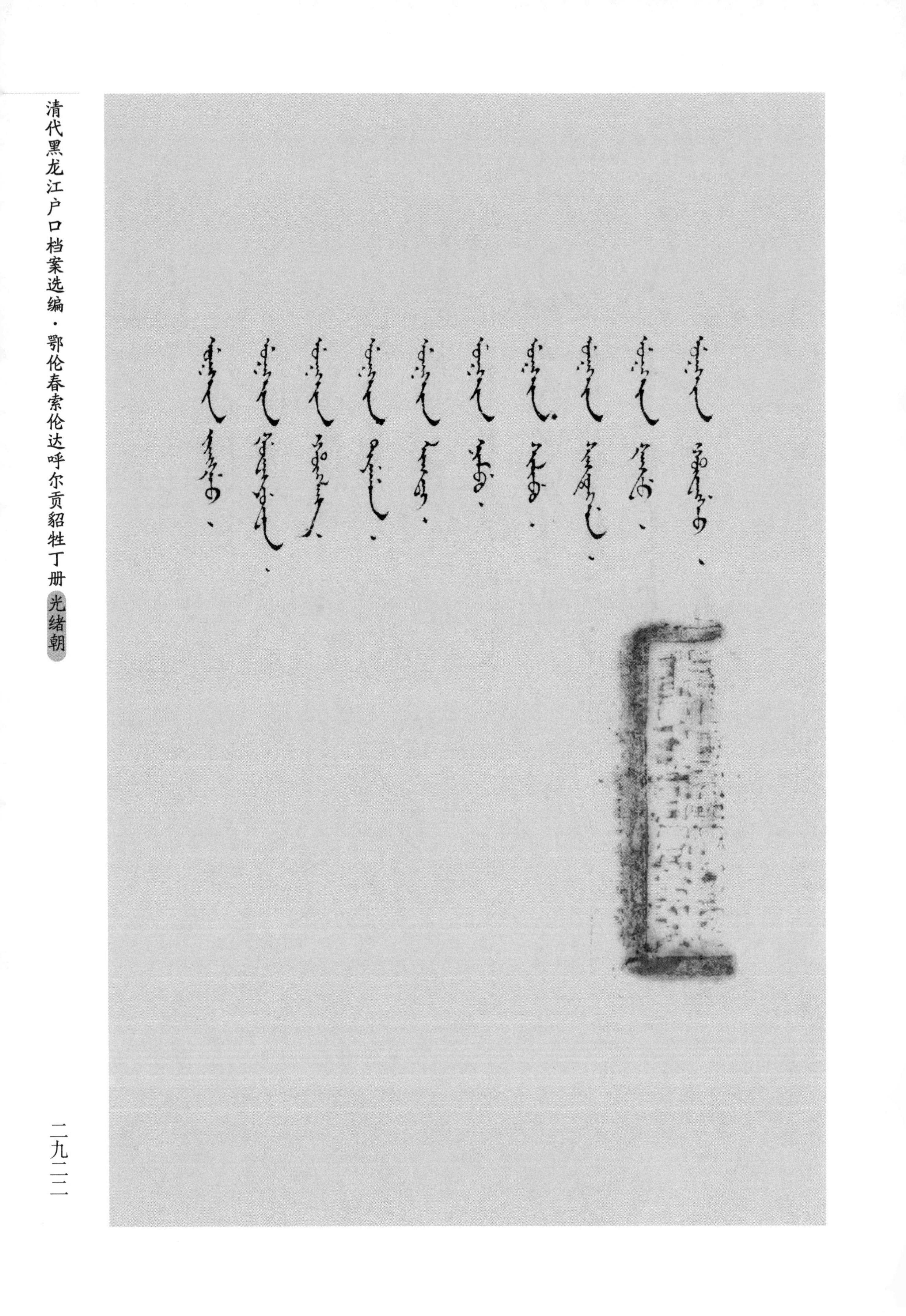

清代黑龙江户口档案选编·鄂伦春索伦达呼尔贡貂牲丁册 光绪朝

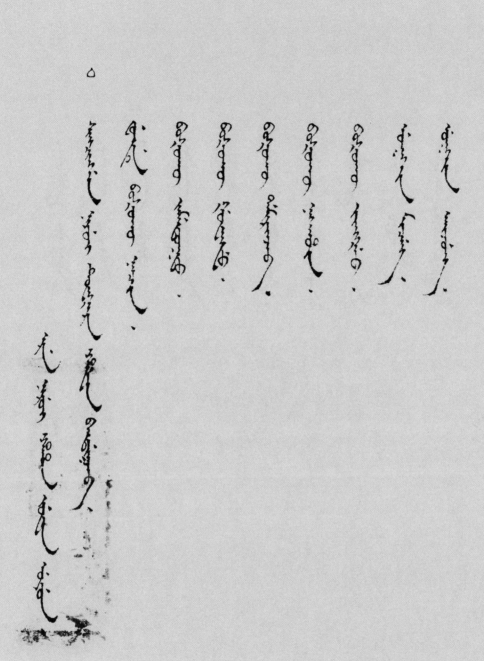

清代黑龙江户口档案选编·鄂伦春索伦达呼尔贡貂牲丁册 光绪朝

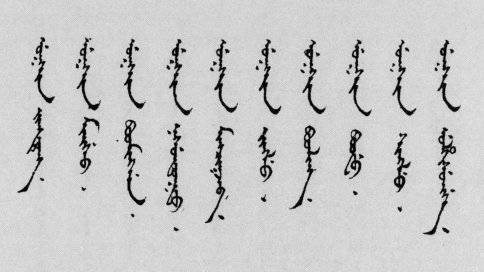

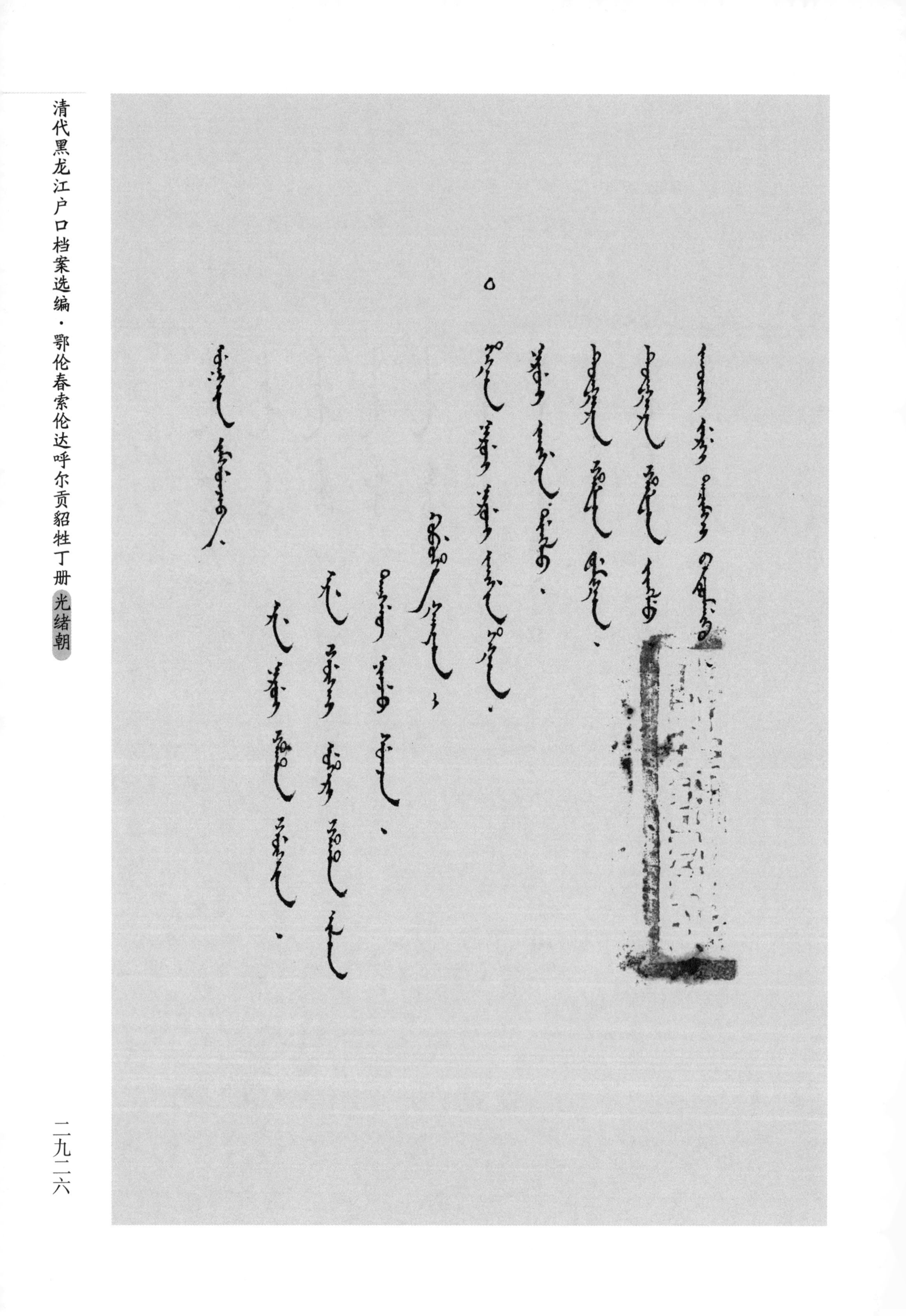

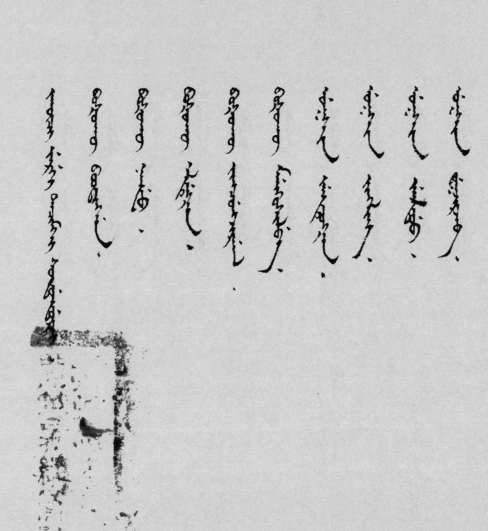

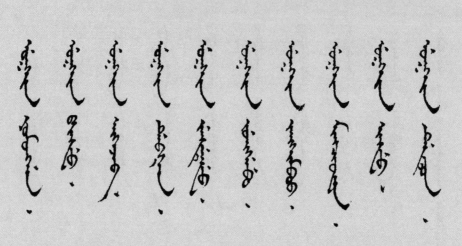

清代黑龙江户口档案选编·鄂伦春索伦达呼尔贡貂牲丁册 光绪朝

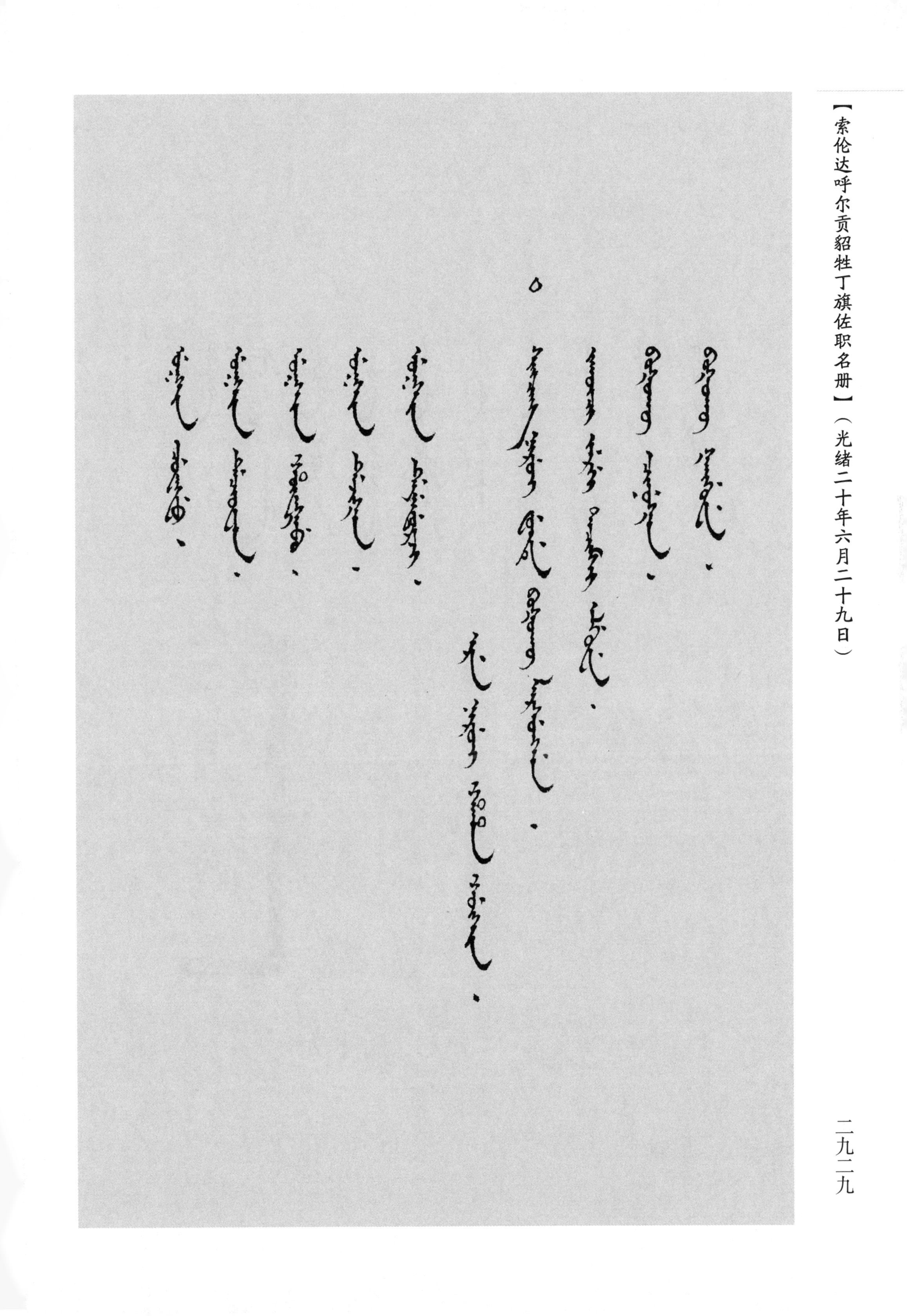

ᠸᠠᠩᡳ
ᠸᠠᠩᡳ
ᠸᠠᠩᡳ
ᠸᠠᠩᡳ
ᠸᠠᠩᡳ

[illegible]

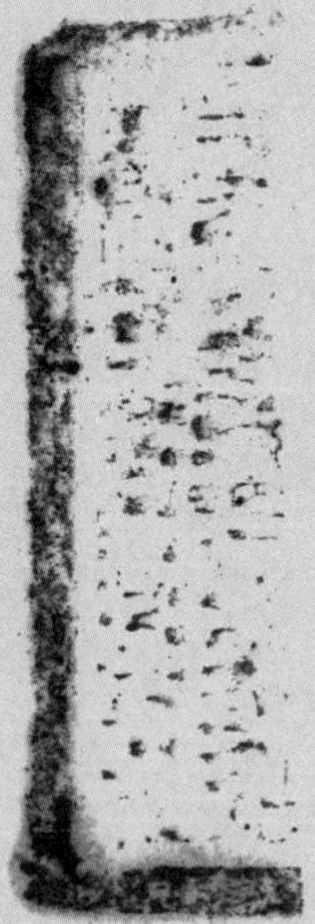

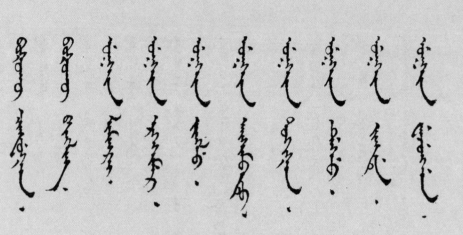

ᠣᠯᠢᠶᠠ ᠵᠠᠩᠭᠢ᠂
ᠯᠠᠮᠠ ᠵᠠᠩᠭᠢ ᠪᠠᠳᠠᠢ᠂
ᠪᠠᠯᠵᠢᠷ ᠵᠠᠩᠭᠢ ᠰᠡᠴᠡᠨ᠂

ᠪᠠᠶᠠᠷᠲᠠᠢ ᠵᠠᠩᠭᠢ᠂
ᠳᠠᠮᠳᠢᠨ ᠵᠠᠩᠭᠢ ᠰᠡᠳᠬᠢᠯᠲᠦ ᠪᠤᠤ᠂

ᠪᠠᠳᠮᠠ ᠵᠠᠩᠭᠢ ᠰᠠᠢᠰᠢᠶᠠᠯᠲᠤ᠂

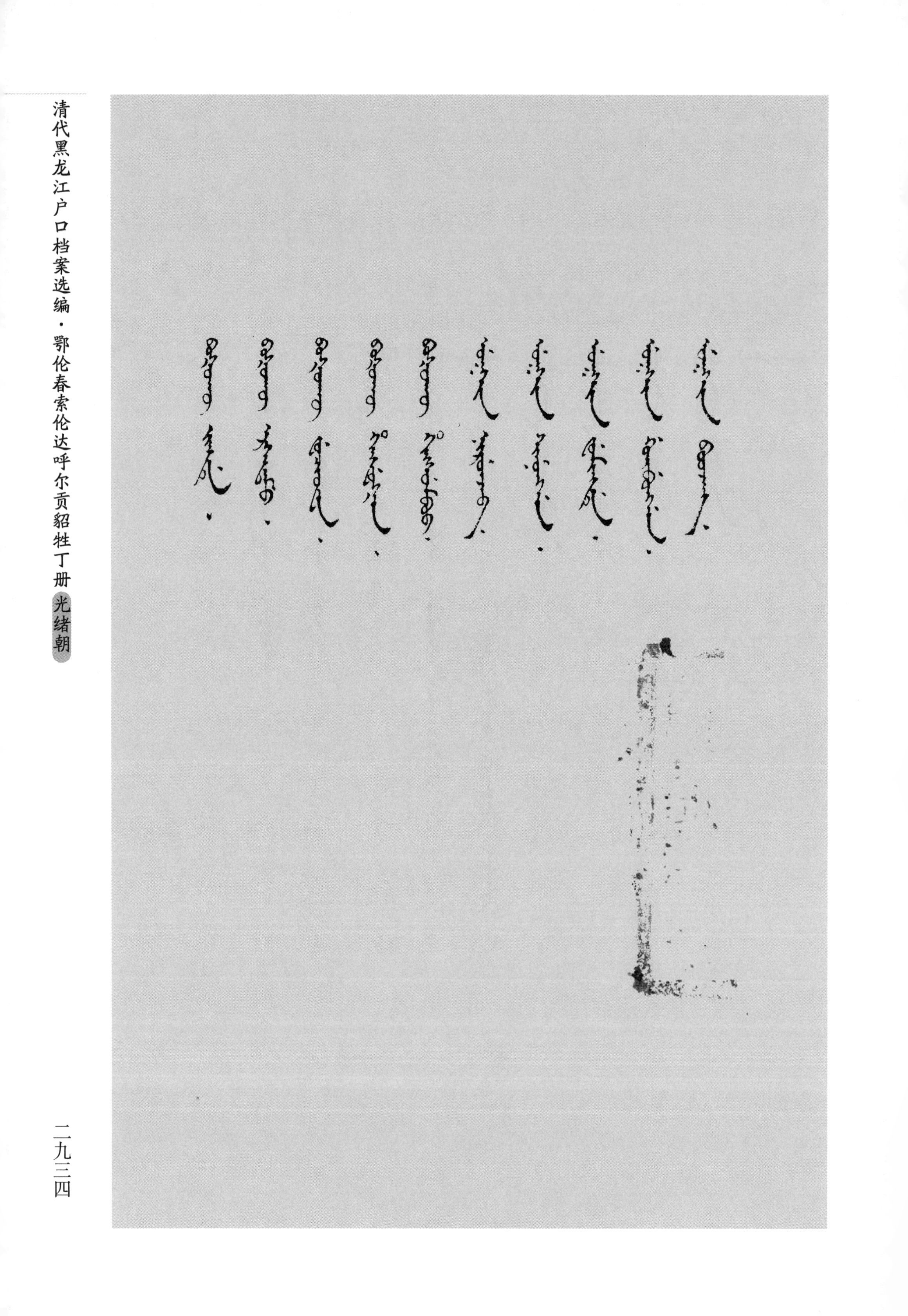

清代黑龙江户口档案选编·鄂伦春索伦达呼尔贡貂牲丁册 **光绪朝**

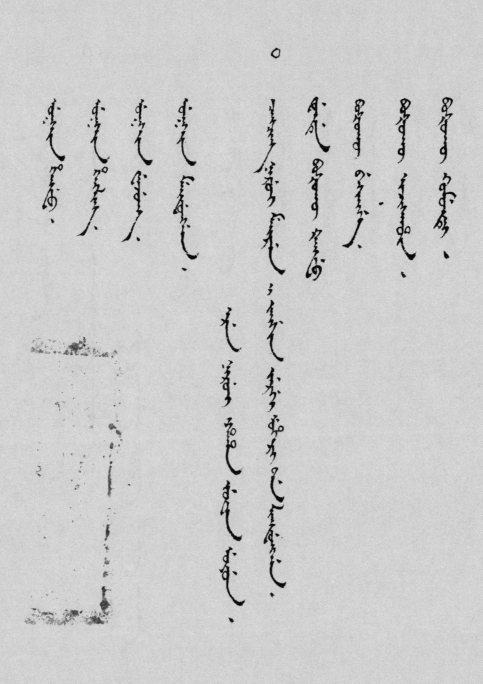

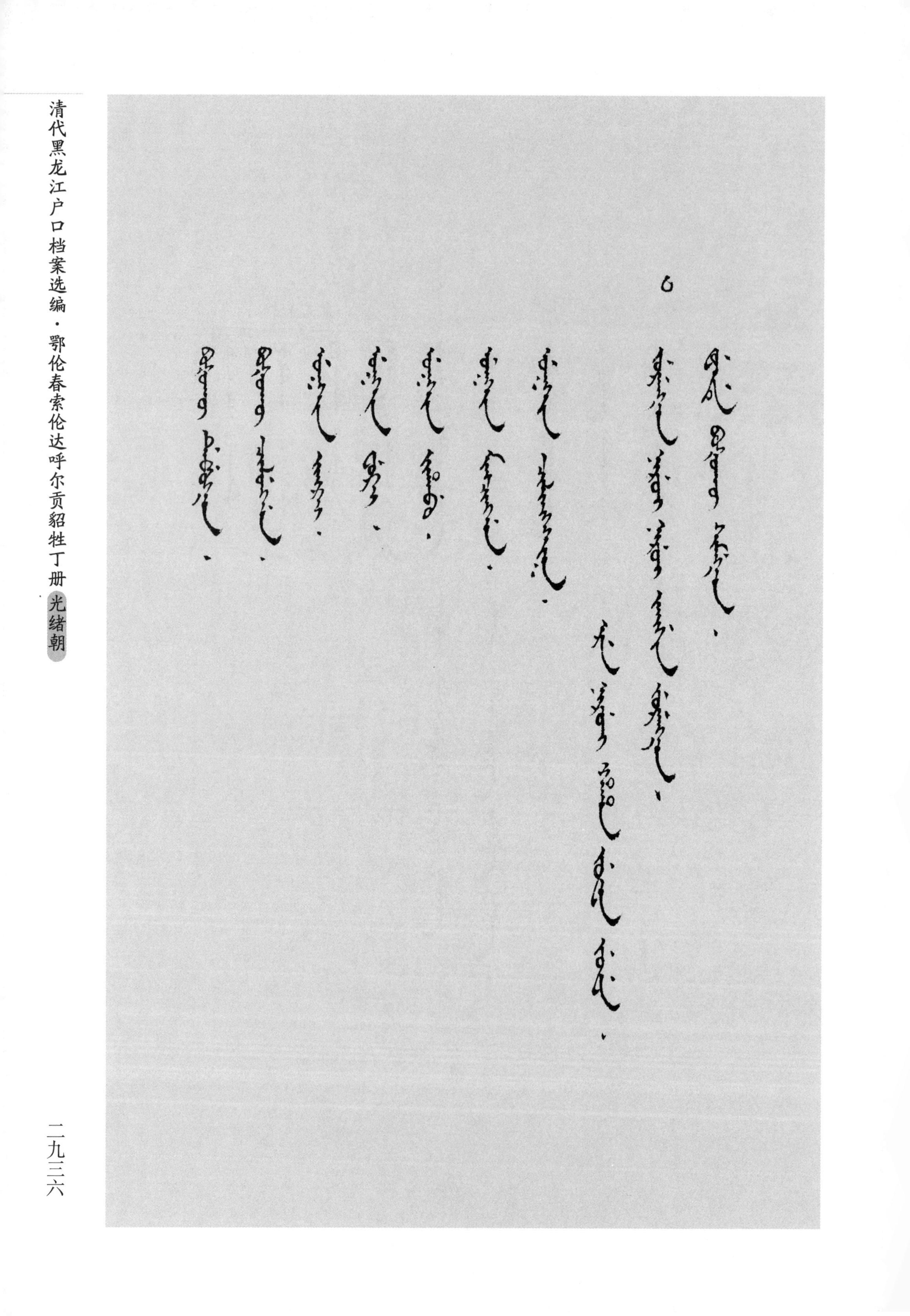

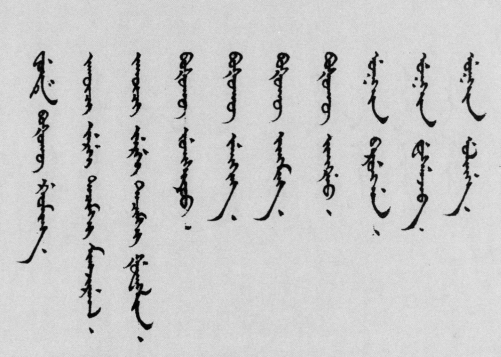

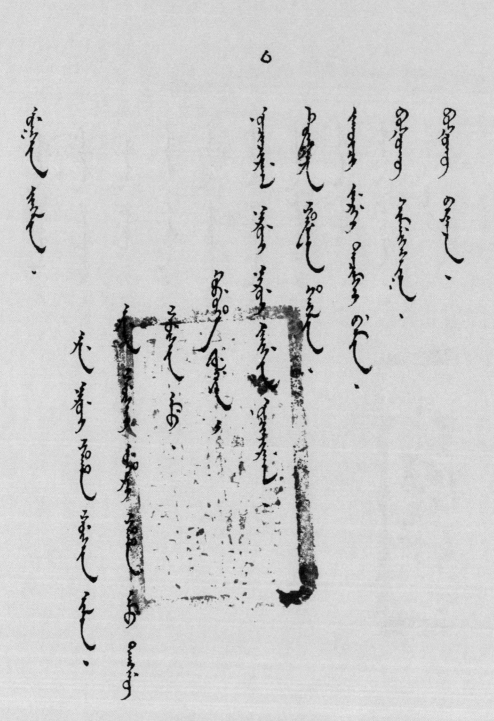

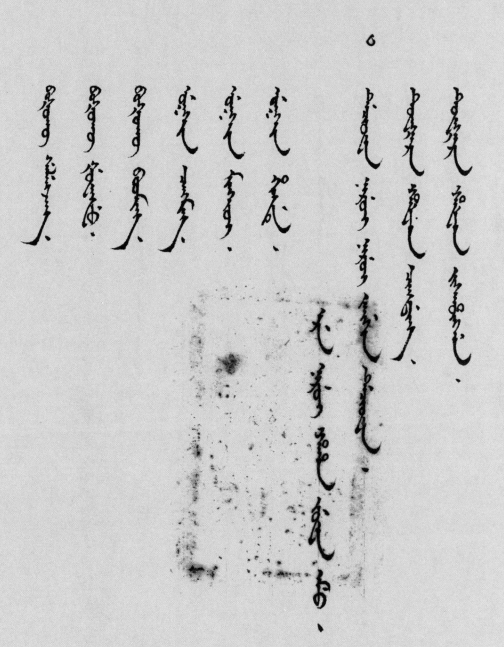

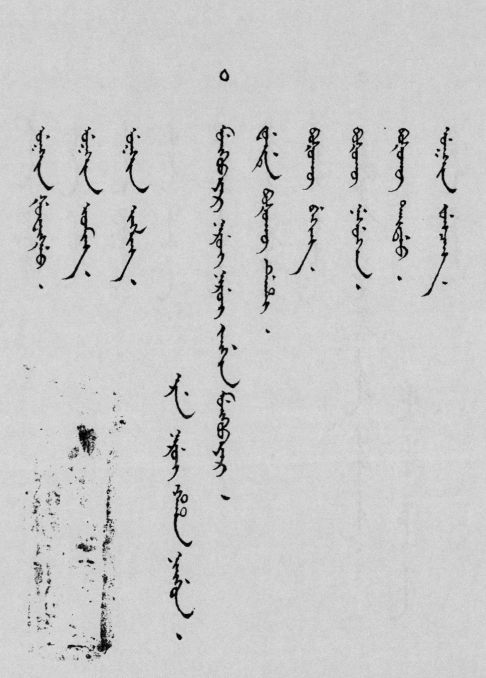

ᠮᡠᠰᡝᡳ ᠂

ᠮᡠᠰᡝᡳ ᠋ᡠᡝᠯ᠋ ᠂

ᠮᡠᠰᡝᡳ ᠋ᡠᡝᠯ᠋ ᠂

ᠮᡠᠰᡝᡳ ᠋ᡠᡝᠯ᠋ ᠂

ᠮᡠᠰᡝᡳ ᠋ᡠᡝᠯ᠋ ᠂

ᠮᡠᠰᡝᡳ ᠋ᡠᡝᠯ᠋ ᠂

ᠮᡠᠰᡝᡳ ᠋ᡠᡝᠯ᠋ ᠂

ᠮᡠᠰᡝᡳ ᠋ᡠᡝᠯ᠋ ᠂ ᠋ᡠᡝᠯ᠋ ᠂ ᠋ᡠᡝᠯ᠋ ᠂

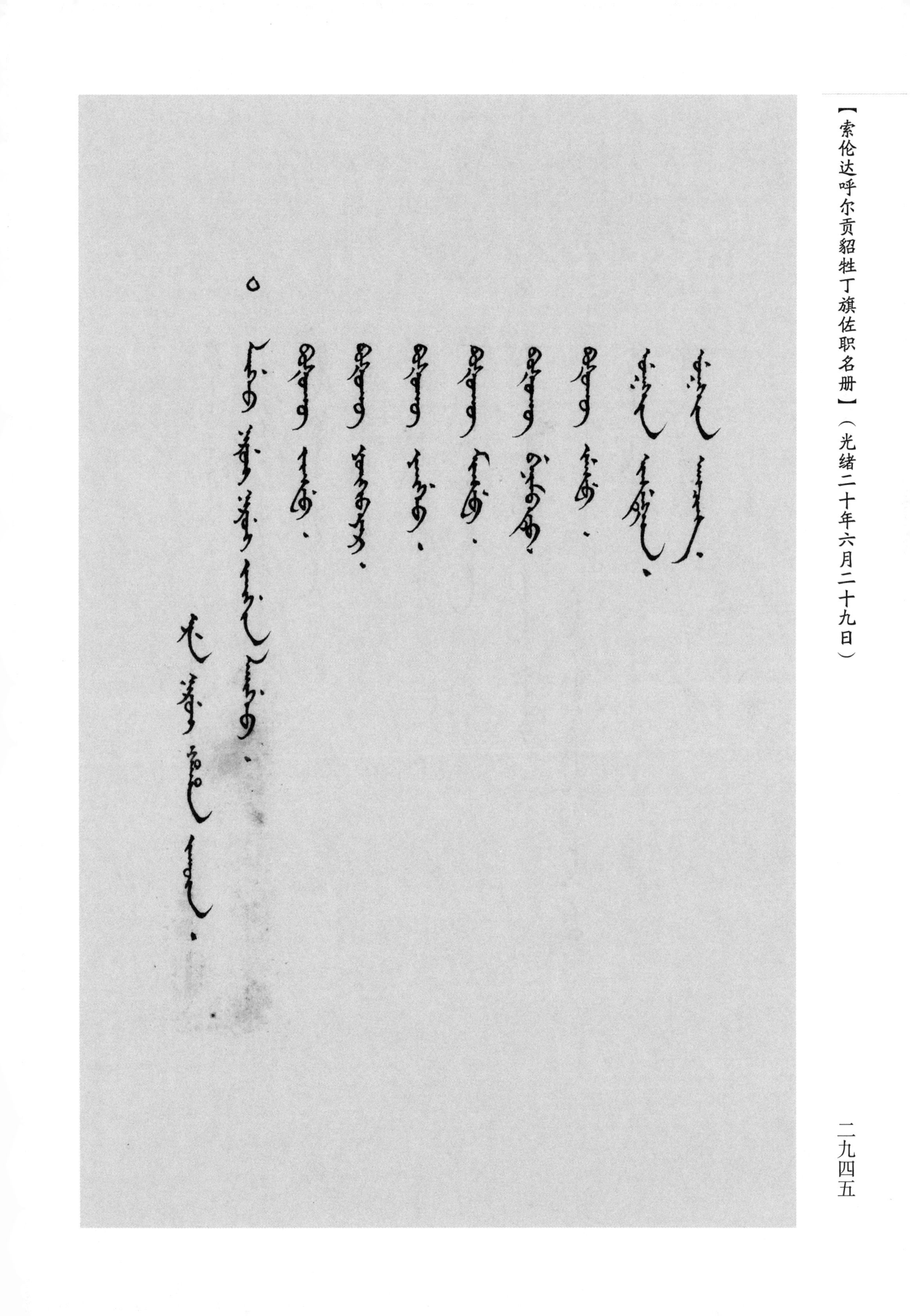

ᠮᠠᠨᠵᠤ ᠪᠢᠴᠢᠭ᠌

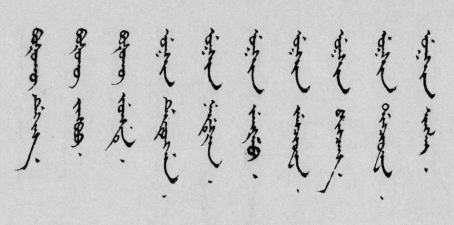

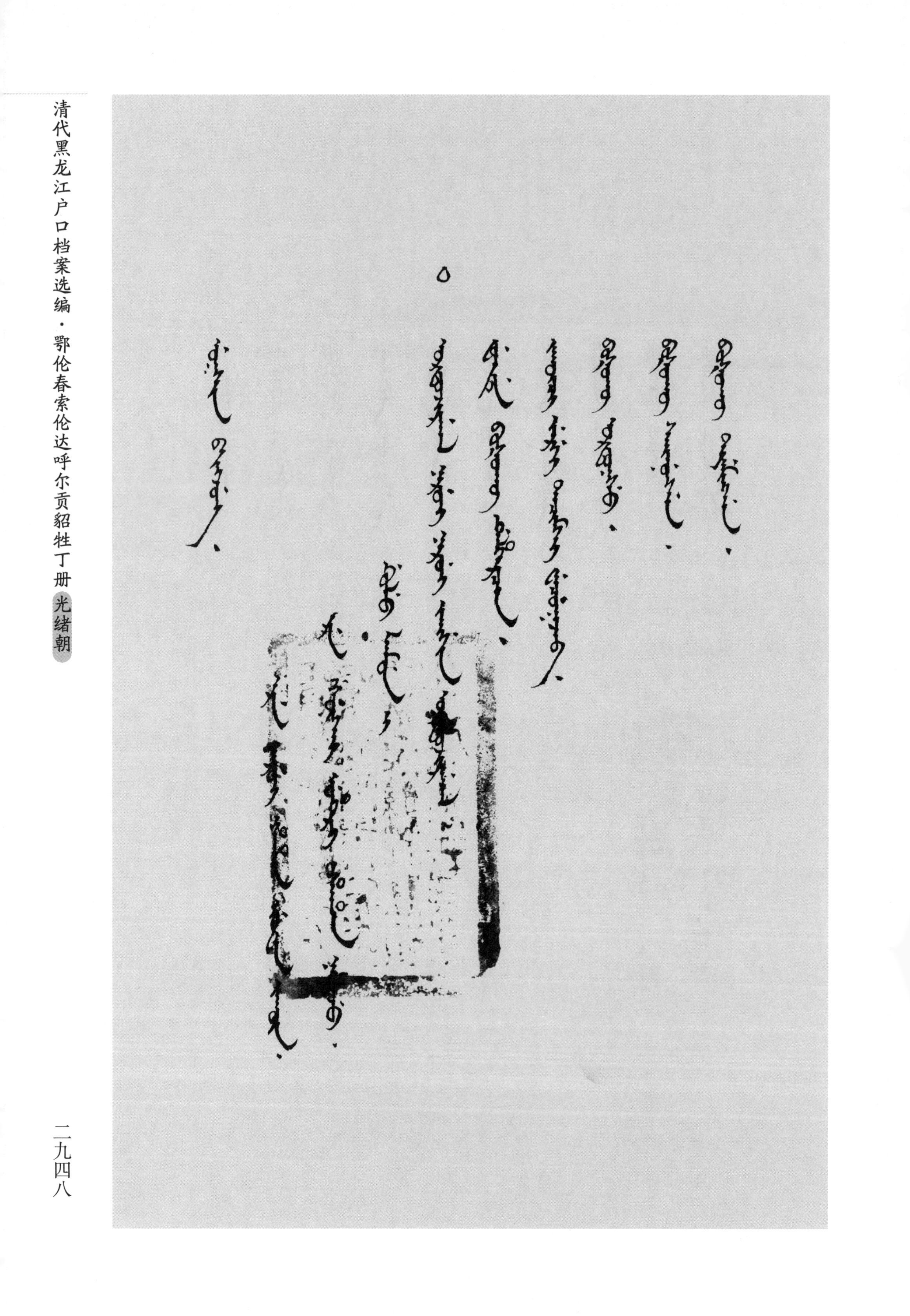

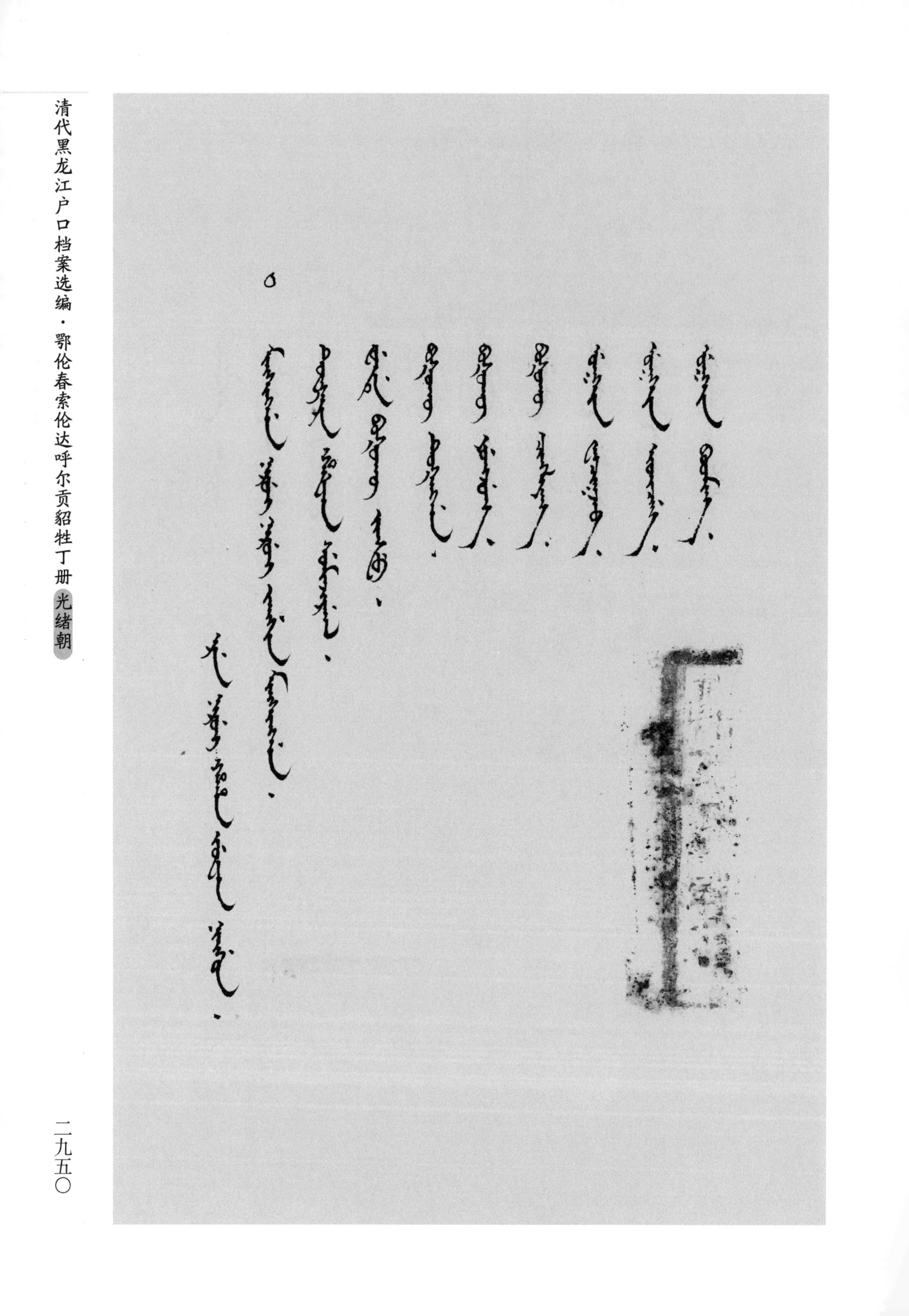

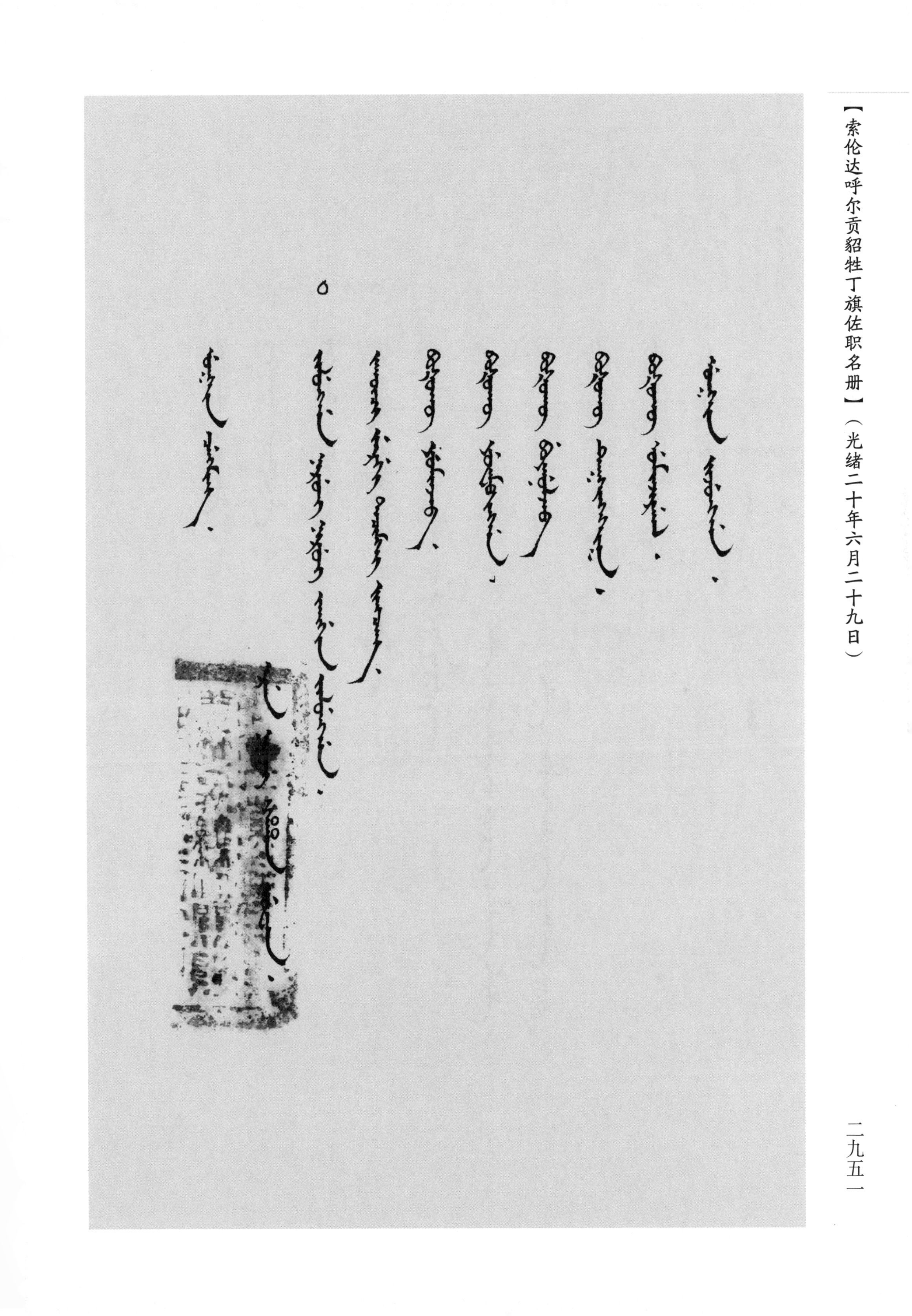

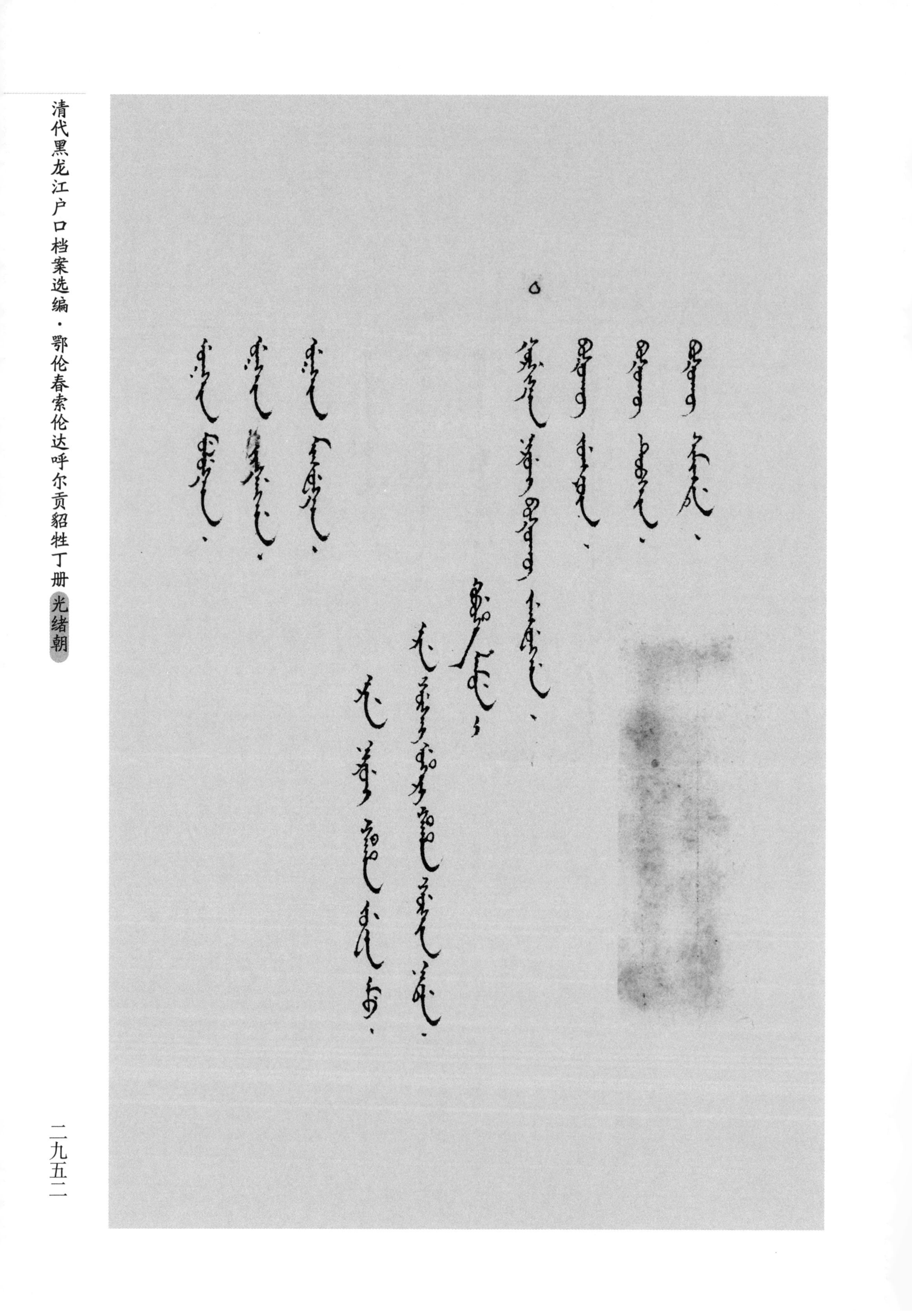

清代黑龙江户口档案选编·鄂伦春索伦达呼尔贡貂牲丁册　光绪朝

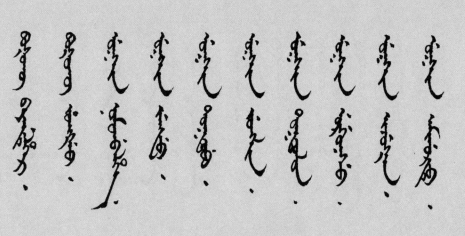

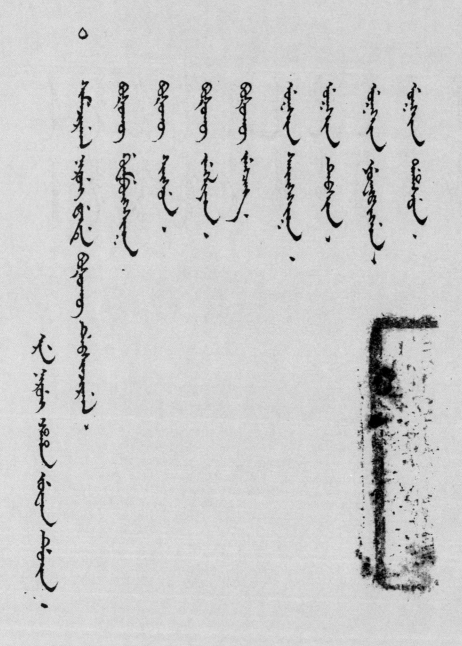

ᠰᠠᠷᠠᠩᡤᠠ
ᠨᠠᠷᠠᠩᡤᠠ
ᠨᠠᠷᠠᠩᡤᠠ
ᠨᠠᠷᠠᠩᡤᠠ
ᠨᠠᠷᠠᠩᡤᠠ
ᠨᠠᠷᠠᠩᡤᠠ
ᠨᠠᠷᠠᠩᡤᠠ
ᠨᠠᠷᠠᠩᡤᠠ

ᠮᠣᠣᠰᠠ ᠪᠣᠰᠣᠨ

ᠪᠣᠵᠠ ᠪᠣᠣᠨ

ᠪᠣᠵᠠᠠ ᠪᠣᠣᠨ᠂

ᠪᠣᠵᠠ ᠰᠣᠣᠨ᠂

ᠪᠣᠵᠠ ᠰᠣᠣᠨ᠂

ᠪᠣᠵᠠ ᠰᠣᠣᠨ᠂

ᠮᠣᠣᠰᠠ ᠪᠣᠣᠨ

ᠮᠣᠣᠰᠠ ᠪᠣᠣᠨ

ᠪᠠᠶᠠᠨ ᠵᠢᠷᠭᠠᠯ᠂
ᠪᠠᠶᠠᠨ ᠳᠠᠯᠠᠢ᠂
ᠪᠠᠶᠠᠨ ᠳᠠᠯᠠᠢ᠂
ᠪᠠᠶᠠᠨ ᠳᠠᠯᠠᠢ᠂
ᠪᠠᠶᠠᠨ ᠳᠠᠯᠠᠢ᠂
ᠪᠠᠶᠠᠨ ᠳᠠᠯᠠᠢ᠂
ᠪᠠᠶᠠᠨ ᠳᠠᠯᠠᠢ᠂

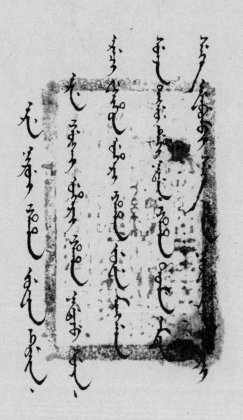

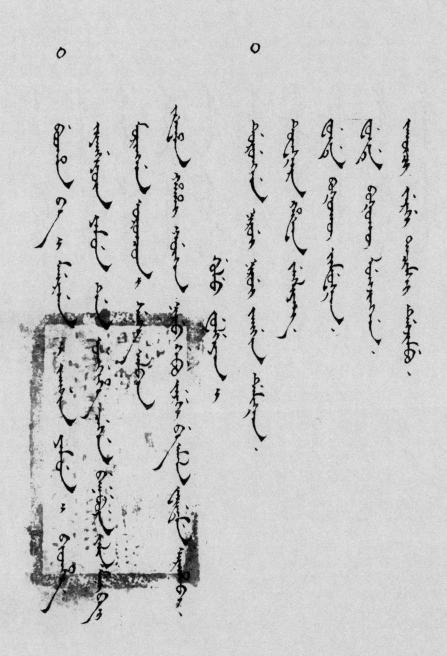

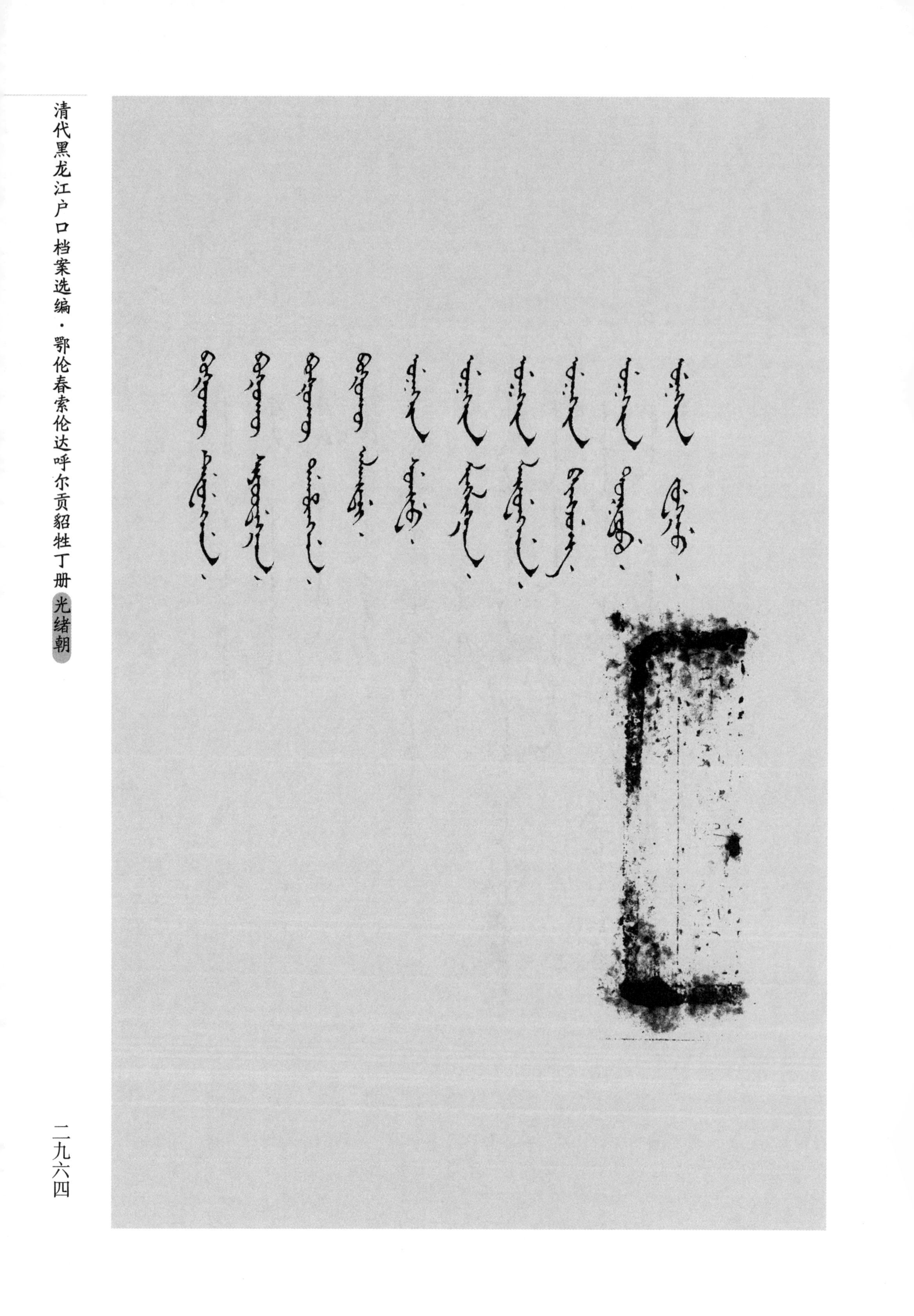

ᠨᠠᡩᠠᠨ
ᠵᠠᠨ

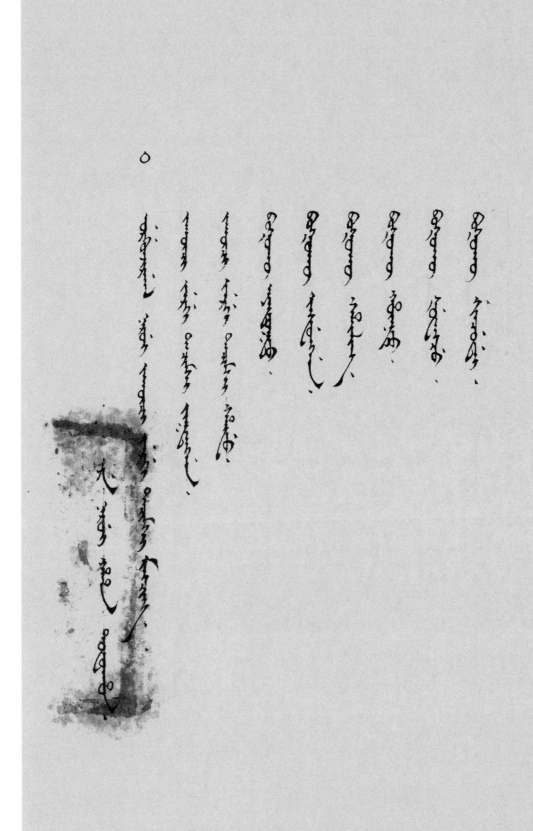

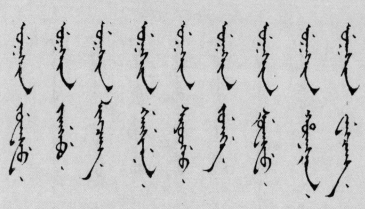

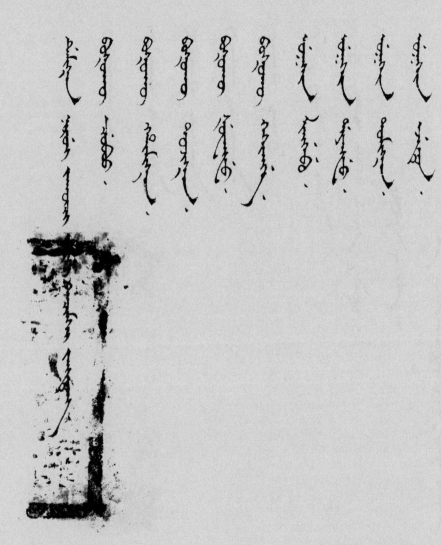

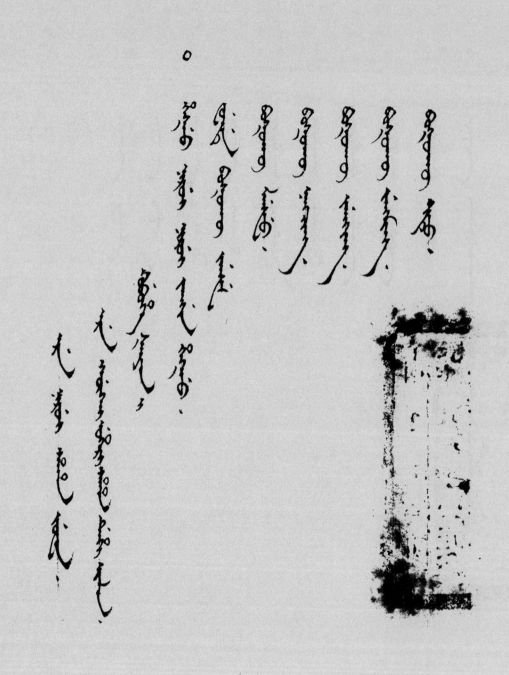

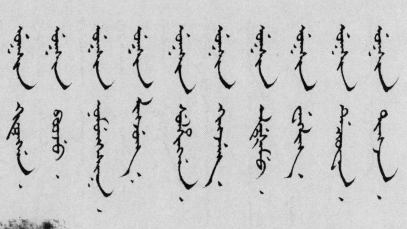

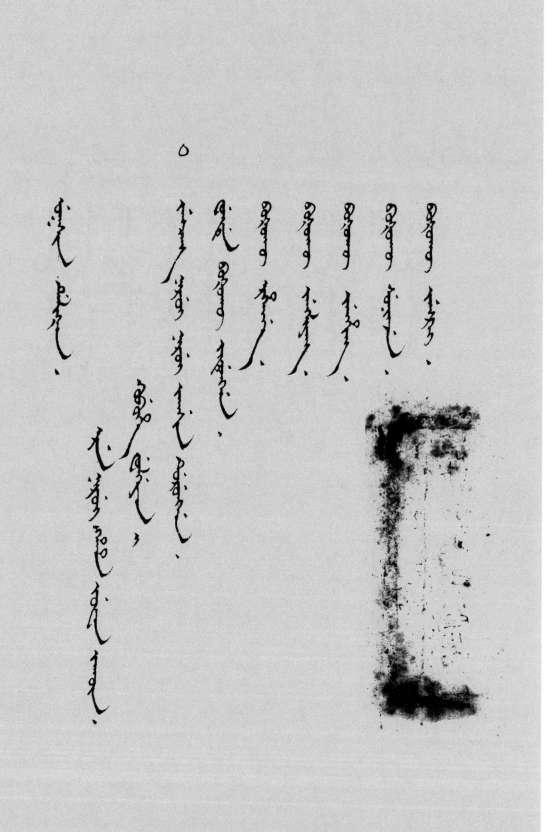

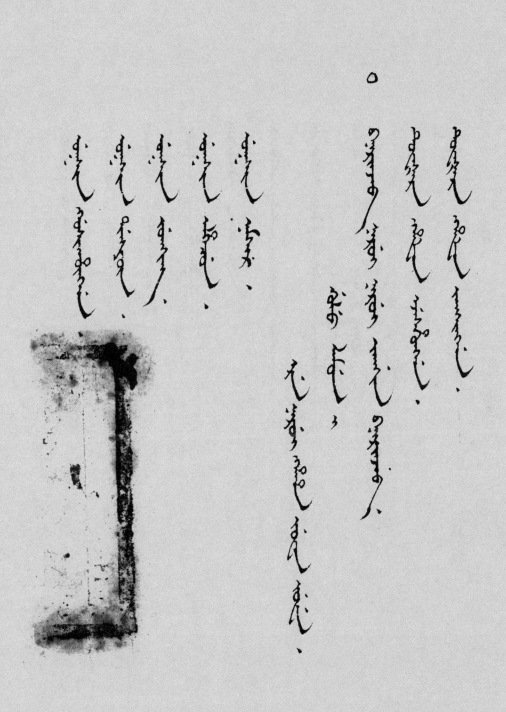

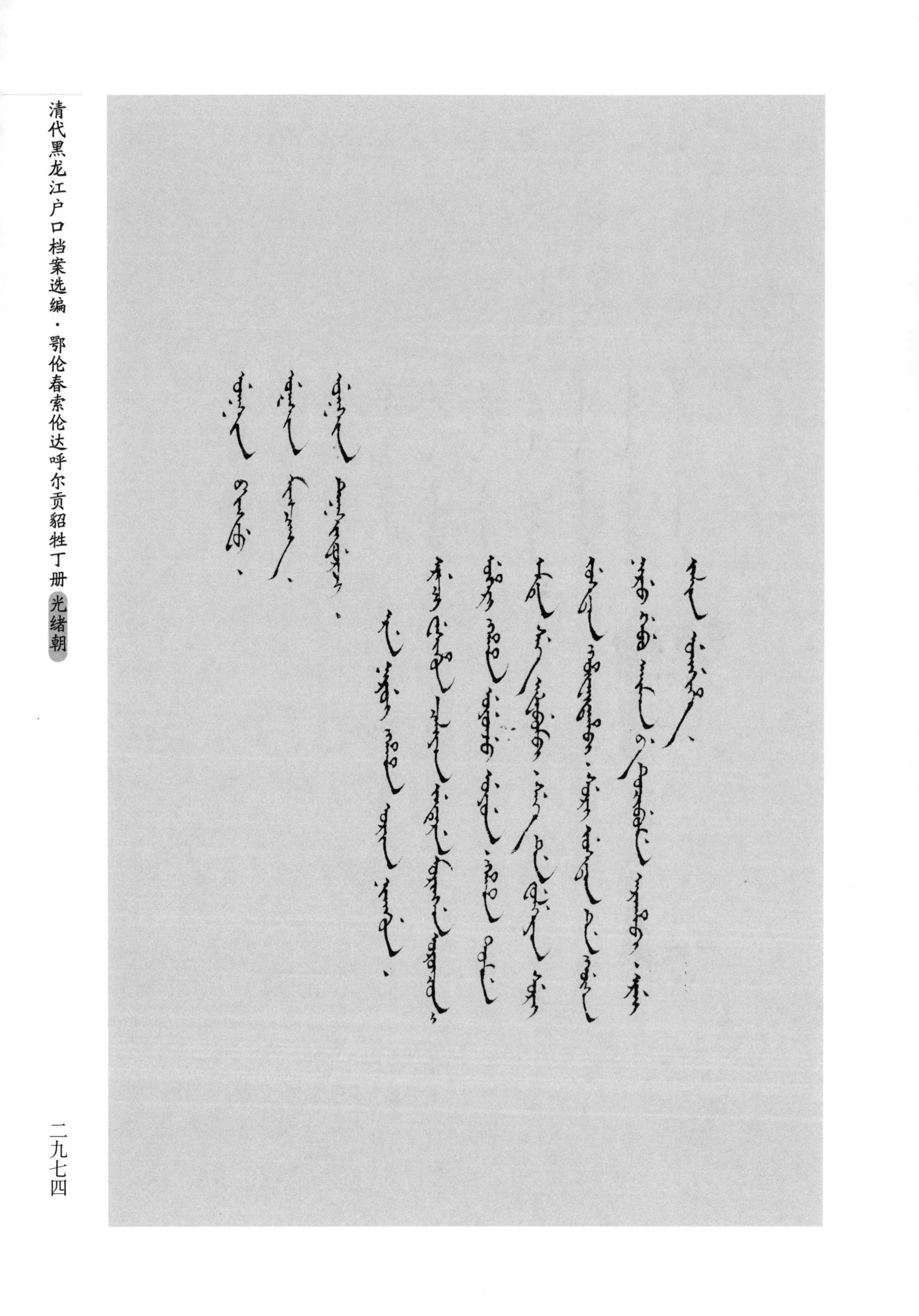

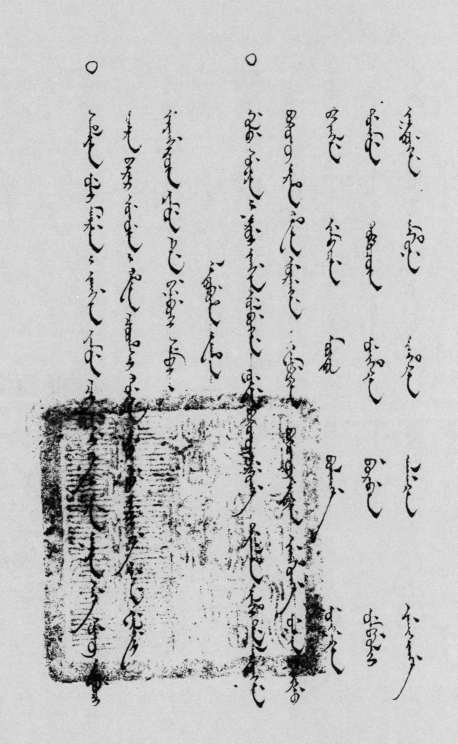

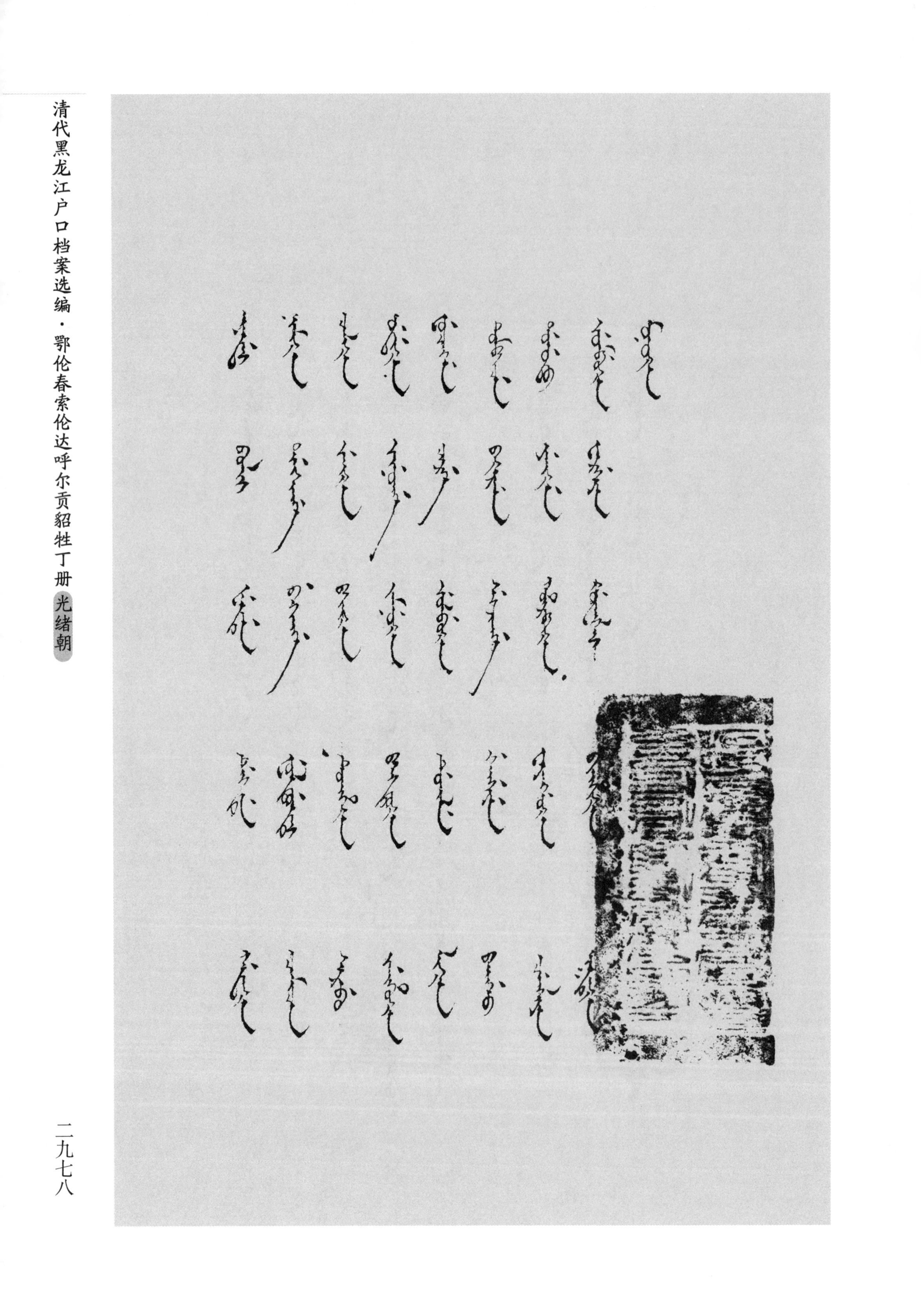

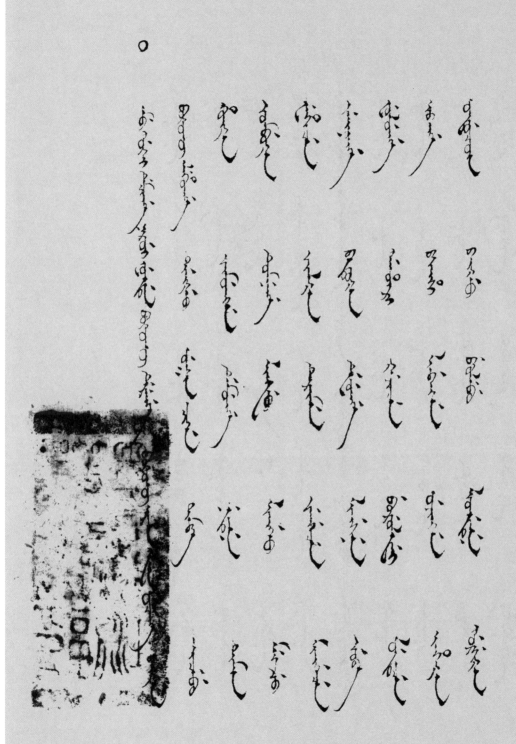

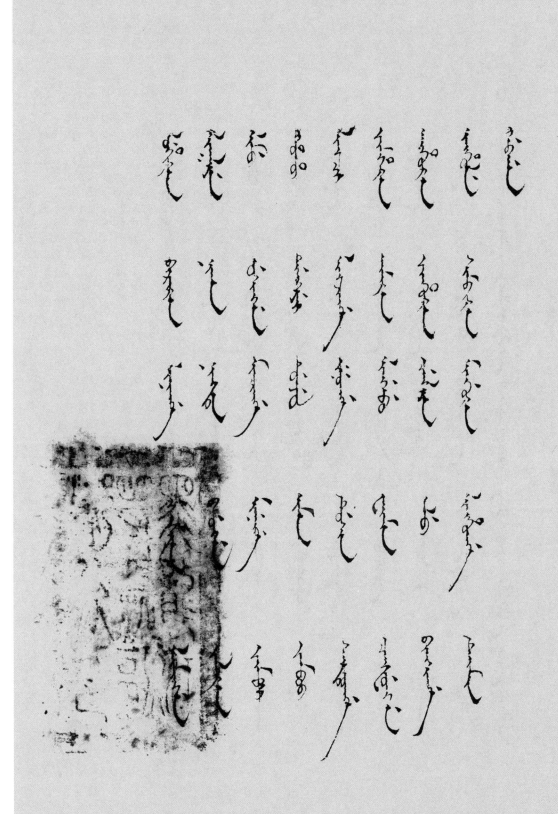

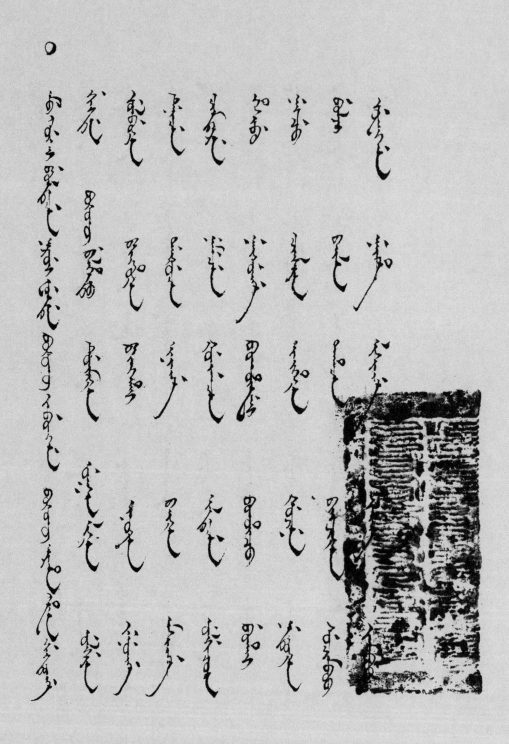

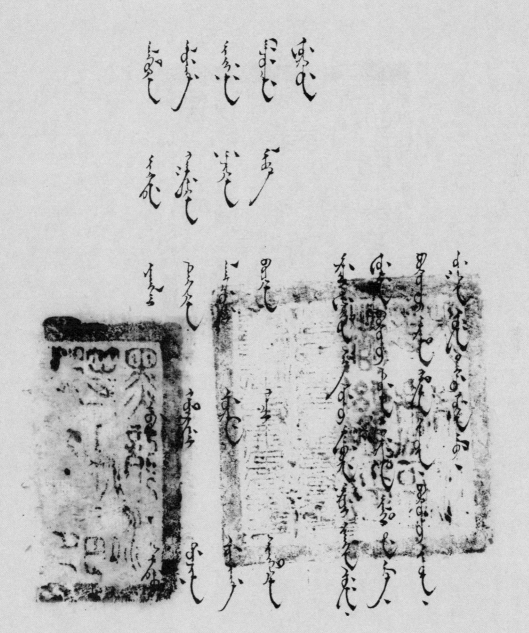

为报送毕拉尔路鄂伦春贡貂官兵旗佐职名册致黑龙江将军（光绪二十三年六月初八日）

二九八三